Heinrich Schipperges

Die Welt der Hildegard von Bingen

zum 19.2.98
von Herbert

Heinrich Schipperges

Die Welt der Hildegard von Bingen

Herder
Freiburg · Basel · Wien

Verlag Herder Freiburg im Breisgau 1997

Abbildung auf dem Umschlag
Engelschöre (Detail)
Liber Scivias, Kopie ehem.
Rupertsberger Codex, um 1180
Abtei St. Hildegard, Eibingen.

Bildredaktion
Birgit Wiesenhütter

Gestaltung
Finken & Bumiller, Stuttgart

Herstellung
Spiegel Buch, Ulm

Reproduktion
Nova Concept, Berlin

Gedruckt auf umweltfreundlichem,
chlorfrei gebleichten Papier.
Printed in Germany.
ISBN 3-451-26413-7

Inhalt

Vorwort

Hildegard von Bingen! Man wird sie im Jubiläumsjahr ihres 900. Geburtstags feiern als die große Äbtissin und Ärztin, als die couragierte Politikerin und Prophetin, als die Heilige im stillen und die heimliche Kirchenlehrerin. In einer geradezu poetischen Verdichtung führt uns die Seherin Hildegardis mit ihren Schaubildern an eine Welt heran, die uns zunächst sehr fremd und geheimnisvoll erscheint, die dann aber plötzlich weiter und näher wird, um sich uns immer inniger und vertrauter aufzutun.

Die Welt der Hildegard: das ist freilich nicht mehr unsere Welt, die Welt des ausgehenden 20. Jahrhunderts, des anbrechenden dritten Jahrtausends. Zuviel liegt dazwischen an zeitlichen Epochen wie Renaissance und Reformation, an Weltanschauungen eines Humanismus und der Aufklärung, des Idealismus wie des Positivismus, von den verschwimmenden Horizonten einer utopischen Postmoderne gar nicht zu reden.

Um einen Zugang zu dieser alten Welt zu gewinnen, sollten wir uns zunächst einmal mit diesem gewaltigen Zeitalter und seinem so dramatischen Umbruch vertrauter machen. Erst in seinem Spannungsbogen zwischen Tradition und Reform wird man dann Leben und Wirken dieser außergewöhnlichen Frau besser verstehen, ihren ebenso visionären Habitus wie ihren prophetischen Duktus. Mensch wie Welt rücken einem dabei näher vor Augen, und mit Hildegards Menschenbild dann auch die Natur- und Heilkunde. Vom Welt- und Menschenbild aus wird man schließlich einen Zugang finden zu den Geheimnissen von Schöpfung und Erlösung – und damit zu jenen so vielversprechenden Werken des Heils und der Heilung, die uns in unseren Tagen so überaus modern erscheinen.

Die Welt der Hildegard von Bingen: das ist nicht nur die Welt, in der sie – rein zeitlich gesehen – gelebt hat, und auch nicht jene Welt allein, die sie – räumlich betrachtet – umgeben hat; das ist vielmehr jene Welt, die sie so lebendig erlebt hat und so erstaunlich zu gestalten vermochte, eine Welt voller Leben und ein Leben in Freude. In dieser Welt trägt der Mensch Verantwortung nicht allein für sein persönliches Leben, sein privates Glück, sondern auch für seine Mitmenschen, für die Umwelt wie die Nachwelt, für das Universum. Dies will ganz ernst genommen sein, will man einen Zugang finden zu mittelalterlichen Texten und Bildern. Es ist der Kern von Hildegards Sendung, eingekleidet in die Schau des Kosmos und getragen vom Drama der Heilsgeschichte.

Es ist weniger ein Welt-Bild, das uns hier vor Augen tritt, als eine Bild-Welt, die zu bereichern und zu vertiefen uns nicht zuletzt die wundervollen Abbildungen liebreich zu Hilfe kommen: Bilder, die nicht nur eine uns fremd gewordene Welt näher beleuchten sollten, die viel eher noch aus sich selber heraus strahlen wollen in unsere heute so bildersüchtige wie bilderbleiche Welt.

Heidelberg, im Sommer 1997
Heinrich Schipperges

Abkürzungsschlüssel

PL	S. Hildegardis Abbatissae Opera. Ed. J.-P. Migne: Patrologia Latina, tom. 197. Parisiis 1882.
Pi	Analecta Sacra, tom. 8. Ed. J. B. Pitra. Monte Casinense 1882.
Sc	Scivias. In: Patrologia Latina 197, col. 383–738.
LVM	Liber Vitae Meritorum. In: Pitra, p. 1–244.
LDO	Liber Divinorum Operum. In: Patrologia Latina 197, col. 739–1038.
CaCu	Hildegardis Causae et Curae. Ed. P. Kaiser. Lipsiae 1903.
V	Vita Sanctae Hildegardis auctoribus Godefrido et Theodorico monachis. In: Patrologia Latina 197, col. 115–130.
Bw	Briefwechsel. Nach den ältesten Handschriften übersetzt von Adelgundis Führkötter. Salzburg 1965.
S	Hildegard von Bingen: Symphonia. Gedichte und Gesänge. Hrsg. Walter Berschin und Heinrich Schipperges. Gerlingen 1995.

I.

Ein Zeitalter im Umbruch

1. **Ebstorfer Weltkarte**
13. Jh.; Original zerstört.
Die Ebstorfer Weltkarte ist die reichhaltigste und bedeutendste Erddarstellung aus dem europäischen Mittelalter. Auf der 3,5 x 3,5 m großen Kartenfläche ordnen sich die Erdteile Asien, Europa und Afrika kreisförmig um den Mittelpunkt Jerusalem und bieten, mit etwa 1500 Zeichnungen und erklärenden Texten ausgestattet, ein unvergleichliches Kompendium hochmittelalterlichen Weltwissens. Die Karte zeigt die Erdoberfläche als Schauplatz mythischer und biblischer Ereignisse, als Demonstrationsfeld von Geschichte. Sie bildet Weltanschauung ab und ist im eigentlichen Wortsinn ein »Weltbild«.

Weltanschauung und Lebenshaltung im 12. Jahrhundert

Mit dem 12. Jahrhundert treten wir ein in eine neue, eine überraschend reiche Welt: Das Hochmittelalter ist zu seiner Blüte gekommen. Während Kaiser und Papst ihre Reiche abgrenzen, öffnet sich vor unseren Augen ein erstaunlich weites Europa: mit fließenden Grenzen nach Osten wie Westen, einem weltweiten Reiseverkehr und internationalem Handel, als Brücke zum byzantinischen Ostrom wie zum hispanischen Islam, mit einem Latein, das als Sprache der Kirche und des Reiches zur Sprache des gebildeten Europa geworden ist.

Es ist das Zeitalter auch eines Umbruchs und damit neuen Aufbruchs: Zwischen Reich *(Imperium)* und Kirche *(Sacerdotium)* schiebt sich das »*Studium*«. Zum Mönch und zum Ritter tritt der Gelehrte, die neue geistige Potenz des christlichen Abendlandes.

Mit dem 12. Jahrhundert sind wir aber auch eingetreten in jenes so vielseitige wie widerspruchsvolle Zeitalter, in dem sich mit dem Aufgang Europas auch der Verfall des Abendlandes schon ankündigt. Es ist die Grenzscheide zweier Epochen, die ihren Ausdruck findet in der wirtschaftlichen Umgruppierung der Gesellschaft, in der sozialen Verschiebung der Stände wie auch in den geistigen Strömungen der Zeit. Mit der auffallenden Neubewertung der Arbeit gewinnt der Aktionsraum des Menschen an Interesse. Neben die »Artes liberales« schieben sich die »Artes mechanicae«: Agrikultur und Architektur, Jagd und Fischfang, Mühlen und Werkstätten, Gartenbau und Kochkunst und mit allen Künsten verbunden auch die Praktische Medizin.

Neue Formen der Agrarwirtschaft führen zu einer Ertragssteigerung; neue Bodenflächen werden erschlossen, neuartige Pachtverträge geknüpft. Die Bindungen der Lehensordnung beginnen sich zu lockern. Der Fernhandel fängt an zu florieren; Handel und Gewerbe blühen auf. Die Bürger der erstarkenden Städte melden sich zu Wort. Die Scholaren ziehen von Schule zu Schule. Minnesänger fluten aus der Provence über ganz Europa. Die Stimmen der frühen Mystiker finden Gehör.

Der Lebensraum

Und doch war die Welt des anhebenden 12. Jahrhunderts, in welches das Mädchen Hildegardis hineinwuchs – dort auf dem väterlichen Herrenhof derer zu Bermersheim – noch weitgehend ländlich. Ihr Lebensraum war zunächst einmal die weite Landschaft eines durch und durch bäuerlichen Daseins.

Was immer wir an Quellen heranziehen, die frühen Annalen, durchlaufende Chroniken, die berühmten Gesta oder auch Historiker wie Widukind und Thietmar, Adam von Bremen oder Otto von Freising, immer und überall begegnet uns die fundamentale Agrarkultur des frühen Abendlandes, die den Alltag der Menschen weitgehend geformt hat.

Die »Welt« des Menschen, sie liegt sehr einfach und ganz offen vor unseren Augen. Der Erdkreis wird umfaßt von einem Wasserband, schwimmt gleichsam auf dem Weltenmeer wie ein großes wundersames Schiff. So zeigt sich uns in etwa die Welt, wie sie – in riesigen Ausmaßen, dreieinhalb Meter im Durchmesser – auf ein Altarbild für das Benediktinerkloster Ebstorf in der Lüneburger Heide gemalt wurde: eine gigantische Weltkarte vom Anfang des 13. Jahrhunderts, auf der die Erde den Leib Christi verkörpert, Jerusalem am Nabel der Erde liegt und sich alles nach Osten orientiert, dorthin, wo Christi Haupt aufleuchtet und die Sonne aufgeht über der Erde.

Die mittelalterliche Erde ist überwiegend Land, das durch Wasser umrahmt und gegliedert wird. Und auch die Berge erscheinen wie dicke Mauern, welche die Länder voneinander trennen. Palästina ist natürlich größer als Griechenland, und auch das längst untergegangene Karthago ist noch eingetragen, wohingegen London zum Beispiel fehlt. Zwischen Ganges und Kaukasus ist der Garten Eden angesiedelt. Man erkennt auf der Ebstorfer Weltkarte noch, wie Adam und Eva gerade von den verbotenen Früchten essen. Auch erkennt man noch die Reste des Turmbaus zu Babel, und am Berge Ararat hängt die Arche Noah – eine Welt voller Erinnerung und Einsicht, ein Land der Verheißung!

Die Welt ist groß, und der Himmel ist weit. Um die Erde sehen wir den Mond seine stille Bahn ziehen. Die Planeten öffnen ihre Sphären in stetig sich wandelnder Siebenzahl. Sie alle umschließt der unendliche Fixsternhimmel, und dann endet der Raum. Das ist die eine, festgefügte Wirklichkeit, in die wir mit dem Mittelalter eintreten – eine Welt, die wir natürlich längst aufgegeben haben, auch wenn wir immer noch und alle Tage erfahren, wie die Sonne aufgeht und wo sie untergeht, wie der Erdenraum weit wird, wenn wir ihn unter die Füße nehmen, wie die Horizonte sich nur dem öffnen, der etwas erfahren will und erfahren hat.

Die so aufregende Vitalität des aufgehenden Europa, sie beruhte zweifellos auf der agrarischen Konstanz der bürgerlichen Gesellschaft. Hier kommt denn auch das gesamte Szenarium des Alltags zur Erscheinung: Geburt und Sterben, Arbeiten und Feiern, Hunger und Not, das Leiden und seine Bewältigung –, und dies alles im Einklang mit den Zeiten des Jahres, den Früchten des Feldes, dem Leben und Leiden der Tiere, der Arbeitsgänge und der Festtage – in einem in sich ausgewogenen immerwährenden Kalendarium *(calendarium perpetuum)*!

Es ist diese agrarische Urgesellschaft, in deren Horizont auch Hildegard von Bingen zeitlebens gelebt hat: als junges Mädchen auf dem elterlichen Gut, als aufgeweckte Nonne auf den Großbaustellen der Klöster Disibodenberg und Rupertsberg, als reife Äbtissin auf den Landstraßen ihrer Predigtreisen, als das vielgesuchte Orakel für Kaiser und Päpste, als die »rheinische Sibylle«, der »Edelstein Bingens«, der hell über das ganze Europa erstrahlte.

Und doch lesen wir in ihren Schriften immer wieder mit Erstaunen, daß sie sich als »indocta«, als »Ungelehrte«, verstehe, ohne ein akademisches Curriculum –, und wir finden dann doch eine so hochgebildete Persönlichkeit, die uns nur zur Bewunderung hinreißen kann: eine Frau des hohen Mittelalters, die ihre Theologie ebenso beherrscht wie die zeitgenössische Philosophie, eine einfache Frau, die in den Naturwissenschaften wie in der Medizin zu Hause ist, die sich im Ackerbau wie in der Fischzucht auskennt, die über die Schönheiten der Edelsteine zu reden weiß wie auch über jene Geheimnisse auf dem Meeresgrund, die dereinst vielleicht einmal der ärztlichen Kunst zur Verfügung stehen könnten.

2. **Bild des Jahres**
Neben dem »Raum« erscheint die »Zeit«, symbolisiert durch den Jahreslauf in einem immerwährenden Kalendarium.

Salemer Scivias-Kodex, 13. Jh.
Cod. Sal. X 16, fol. 2v
Heidelberg, Universitätsbibliothek.

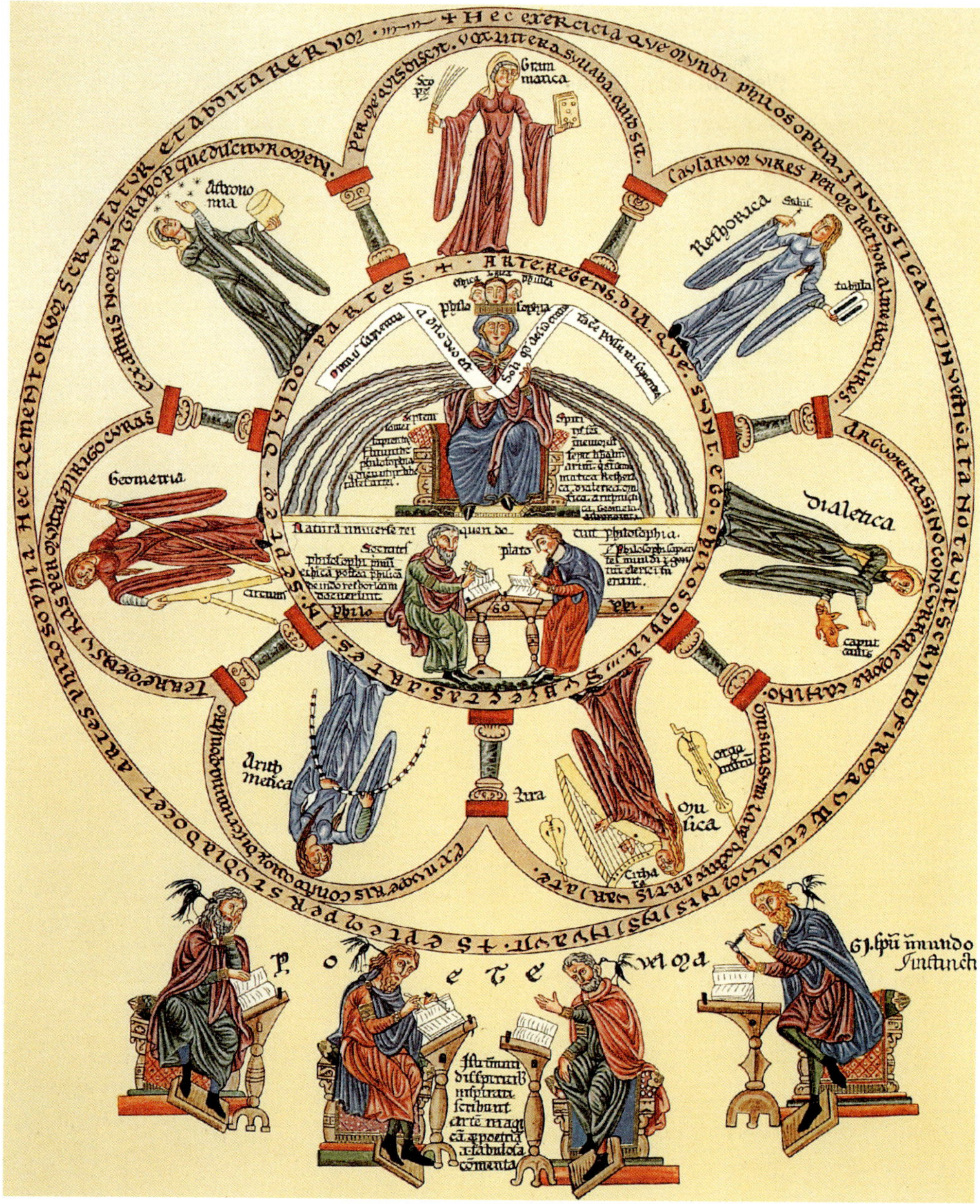

3. **Septem Artes Liberales**
Die sieben »Künste und Wissenschaften« verkörpern auch im 12. Jahrhundert noch das klassische Bildungssystem, mit dem Hildegard vertraut war.
Hortus Deliciarum der Herrad von Landsperg, um 1170 verfaßt.

Die Zeit im Umbruch

Wenn wir vom 12. Jahrhundert als einer »Aufbruchszeit« sprechen, dann denken wir nicht nur daran, wie aus den unteren Schichten der vornehmlich bäuerlichen Bevölkerung die Unfreien ausbrechen, wie aus den ursprünglich unfreien Dienstmannen, den »Ministerialen«, repräsentative Verwaltungsträger werden, sondern vor allem auch daran, wie es mit der Scholastik zu einem »Aufbruch der Vernunft« und damit zum Ausbruch aus festgefügten Glaubenshaltungen kam. Es ist höchst aufschlußreich, daß um die gleiche Zeit (1140), wo Abaelard sein »Erkenne dich selbst« *(Scito te ipsum)* schrieb, die Nonne Hildegard mit der Verkündigung ihres Werkes »Erkenne die Wege des Herrn« *(Sci vias Domini)* begann.

Weitschauende Männer wie Petrus Venerabilis hatten bereits Anstöße zu geistiger Auseinandersetzung gegeben. Religiöse Zentren wie Cluny oder Sankt Gallen schufen weitgespannte kulturelle Leitbilder. Die Wanderbewegung der Scholaren gab den Ausschlag für den Erwerb fremder Sprachen und schuf die Voraussetzung einer Kulturübernahme. Die vermittelnde Tätigkeit jüdischer Gelehrter machte gleicherweise auf die orientalischen Quellen wie auf die okzidentalen Auswirkungen aufmerksam. Es ist kein Zufall, daß im Schriftgut der drei großen Religionen, des Judentums, des Islam und des Christentums, neben der Philosophie immer auch Naturkunde und Heilkunst lebhafte Beachtung fanden.

In dieser reichen und spannenden Welt lebte Hildegard keineswegs als sensible Nonne, versponnen in ihrem Klostergarten. Sie entwickelte vielmehr eine ungeheure Vehemenz aktiven Tuns, in ihren Briefen wie auch im öffentlichen Auftreten. Hildegard schreibt einem verquälten Nonnengemüt mit derselben Offenheit und Klarheit wie einem Professor der Theologie zu Paris. Sie stellt den Kaiser Barbarossa mit gleicher Energie zur Rede wie den Klerus in Köln. Sie tritt in den Konventen der Klöster auf wie auf den Marktplätzen der großen Städte, um öffentlich zu predigen. In all diesen öffentlichen Manifestationen vertritt Hildegard, wie ihr Biograph urteilt, eine durch und durch »gesunde Lehre«, aufgebaut auf einer großangelegten Philosophie des Leibes, die sich daher auch bewußt zu stellen versteht gegen die einflutenden Häresien der Zeit: gegen den verderblichen Dualismus der Katharer und Waldenser, gegen die rationalistische Sakramentenlehre eines Berengar von Tours, gegen die autoritätsfeindlichen Umtriebe eines Arnold von Brescia.

Aus der dominierenden urchristlichen Lehre von der Inkarnation und Resurrektion ergibt sich für die Seherin Hildegard eindeutig, daß auch der Materie, dem »Leib«, Rang und Realität zugesprochen werden müssen, und dies in einer Aufgeschlossenheit, wie sie im späteren Christentum kaum noch möglich war. Das »Heil« stand hier zur Debatte: das Heil des ganzen Menschen.

In dieser ganzheitlichen Lebensordnung die Heilung im Reiche der Welt *(in regno mundi)* abzusondern vom Heil im Reiche Christi *(in regno Christi)*, wäre für eine Hildegard von Bingen nicht einmal zu denken möglich gewesen. So zu denken, das nannte die Seherin einfach »lau« oder »dürr« oder auch »weibisch«! »Jetzt ist dieser Menschenbaum dürr« – schreibt Hildegard dem Erzbischof Hillin von Trier – »und die Welt steht vor großen Gefahren. Jetzt ist sie da, die laue, die weibische Zeit! Denn die heutige Zeit, sie ist am ehesten noch mit jener Zeit zu vergleichen, da die erste Frau den ersten Mann getäuscht hat.« Eine Zeit voller Versuchung also, vollerTäuschungen auch, und dann weiter: »Weh, wehe – die heutige Zeit ist nicht kalt, sie ist auch nicht warm, sie ist einfach lau.« Noch schlimmer aber dürfte es werden, »wenn durch die Unbändigkeit

4. **Adelige Frau zwischen zwei gekrönten Männern**
Clm. 28565, f. 10v
München, Bayerische Staatsbibliothek.

der Männer die vier Winde nur Irrtümer über Irrtümer heranwehen würden« (PL 167 B/C).

Päpste und Bischöfe, Könige wie auch der Kaiser, sie werden in dieser lauen Zeit höchstpersönlich angesprochen, zur Stellungnahme gezwungen oder sogar zur Rechenschaft gezogen. »Die Zeiten, in denen du lebst« – schreibt sie an König Konrad III. – »sind leichtfertig wie ein Weib. Sie neigen sich einer feindseligen Ungerechtigkeit zu, die danach strebt, die Gerechtigkeit im Weinberge des Herrn zu vernichten. Denn schon raucht er vom Leide, der Weinberg des Herrn! Der Reichtum der Kirche wird verschleudert, der geistliche Stand wie vom Wolfe zerfleischt und aus Heimat und Vaterland vertrieben. Sehr viele werden alsdann in die Einsamkeit gehen, um in tiefer Herzenszerknirschung ein Leben in Armut zu führen und demütig Gott zu dienen. Und sind die jetzigen Zeiten schon schmutzig genug, so werden die nächsten geradezu ekelhaft sein« (Bw 81).

Dem Papst Anastasius IV. weiß Hildegard aus ihren Schauungen heraus zu melden: »Die ganze Erde geriet in Verwirrung infolge der immer neuen Irrlehren, da der Mensch das liebt, was Gott zunichte gemacht hat. Und du, o Rom, du liegst da wie in den letzten Zügen!« Voller Ausschweifung, Zerstreuung und Ausgelassenheit ist die Welt geworden: »Denn das Auge stiehlt, die Nase wittert, der Mund tötet. Vom Herzen aber gehet Heilung aus« (Bw 40).

Dem achtzigjährigen, viel zu milde und schon müde gewordenen Papst schleudert die Seherin alsdann entgegen: »O Mann, o Mann –: Das Auge deines Erkennens läßt nach, und du bist zu müde, um die stolzen Prahlereien jener Menschen zu zügeln, die deinem Herzen anvertraut sind!« Und weiter: »Warum rufst du die Schiffbrüchigen nicht zurück? Warum schneidest du die Wurzel des Bösen nicht ab? Warum vernachlässigt du deine ›Himmlische Braut‹, die Königstochter Gerechtigkeit?« Geplündert werde ja die Gerechtigkeit »durch die Sittenrohheit der Menschen, die wie Hunde bellen, die alberne Töne von sich geben, ähnlich den Hühnern, wenn sie nachts zu gackern beginnen«. Und noch einmal, in nun schärferem Tonfall: »Warum duldest du die schlechte Lebensführung jener Menschen, die in der Finsternis ihrer Torheit herumtorkeln, die sich benehmen wie die Henne, die da nachts schreit, um sich selbst Schrecken einzujagen?« (Bw 39).

Obschon das Wormser Konkordat (1122) eine Lösung des Investiturstreites in Aussicht zu stellen schien, ließen die Diskussionen um Laieninvestitur, Simonie und Priesterehe nicht nach.

Was Hildegard darin forderte, war die eindeutige Trennung von geistlicher und weltlicher Gewalt, so wie sie auch Gott gewollt hat *(jussit, ut isti pallium, illi tunica tribueretur)*. »Die Geistlichen sollten das haben, was ihr Anteil ist, und die Weltlichen das, was ihnen zusteht. Keiner von beiden aber sollte den anderen durch Raub unterdrücken.« Wie sollte dies auch möglich sein, daß die da mit ihren Tonsuren mehr Soldaten und Waffen besitzen: »Ist denn das noch passend, daß der Geistliche Soldat ist und ein Soldat Geistlicher *(clericus miles – et miles clericus)*?« (LDO X, 16). Angesichts ihres entschiedenen Eintretens bei allem öffentlichen Auftreten rief – so heißt es – die Schar der gläubigen Völker voller Erstaunen aus: »Ja, wer ist denn diese Frau, die da aus der Wüste aufsteigt gleich einer Rauchsäule aus Spezereien?« So fragt sich Papst Eugen III. in seinem Schreiben an Hildegard und gibt dann auch selber die Antwort: »Du bist es, die für viele geworden ist zu einem Duft des Lebens für das Leben *(odor vitae in vitam)*« (Bw 33). Aber nicht sie selbst, die begnadete Seherin, will das Licht sein für die, die da im Finstern wandeln; sie versteht sich nur als »die Posaune dessen, der da spricht!«

Und nur so wird verkündet von den Geheimnissen der Schöpfung: den Beziehungen des Menschen zu Gott wie auch zu seiner Welt, die sich nicht trennen lassen. Es gibt nur die eine Wirklichkeit. Inmitten dieser Welt aber steht leibhaftig der Mensch, der am Ende der Geschichte als Seele und Leib leben wird »in einmütigem Wesen und in einhelliger Vollendung«.

Von diesem Mysterium einer Welt im ganzen hat der mittelalterliche Mensch noch viel gewußt und mehr noch geahnt. Niemand aber unter ihren Zeitgenossen hat einen so tiefen Blick in die Struktur der Welt und in das Walten der Zeit getan wie Hildegard, die Prophetin vom Rupertsberge bei Bingen.

Bilder des Mittelalters

Die Welt des Mittelalters tritt uns heute vielfach in klaren Konturen vor Augen: »auf Goldgrund gemalt und groß«, wenn wir sie mit den staunenden Augen des Kunsthistorikers betrachten – aber auch heute noch als eine weithin unerschlossene Welt, wenn wir in die politischen Wirren hinabsteigen, die wirtschaftlichen Drangsale, die Misere des Alltags, von den Leiden des kranken Menschen gar nicht zu reden. Und doch sind hier Leben und Tod, Krankheit und Leid, Krisen und Sorgen nur aus dem Ganzen der Welt zu begreifen, aus ihrem Ursprung und ihrem Ziel. Alle Dinge sind aus auf das Heil!

Die ganze Welt in ihrer so dramatischen Heilsgeschichte, sie ist mit mittelalterlichen Bildern in Stein und Farbe festgehalten: die Erzählungen des Alten Bundes von der Erschaffung der Welt und ihrem Ende, die Schöpfung der Tage mit Pflanzen und Tieren. Engel wie Teufel, alles lebt auf im Stein, der ganze Mensch, mit all seinen Erwartungen und Ängsten, seiner Wildheit, seiner Zuneigung, seiner Zartheit – eine ganze Welt!

Aus den spätantiken Monumenten und heidnischen Grabmalen erwachsen die christlichen Baptisterien. Über den klassischen Sarkophagen ragt das Kreuz auf, und aus dem römischen Säulengang wird der Kreuzgang der Klöster. Eine ganze Welt ward hier gebannt und erhielt die Heimat im christlichen Feuer. Der alte Adam starb und tauchte ein in das Licht des neuen Lebens. Die Kapitelle der Kreuzgänge, was sind sie anderes als eine Bild-Zeitung in Stein gehauen? Und sie, die Bilder, erzählen uns von Adam und Eva, von Abraham und Isaak, vom Kind in der Krippe und dem heiligen Stephanus, vom Guten Hirten und vom barmherzigen Samariter, von der Stadt Gottes und dem Jüngsten Gericht.

Immer wieder sehen wir auf den Steinen, an den Wänden, in den Handschriften und auf den Kapitellen die Bilder: Gott, der Vater, wie er aus Adam die Eva schuf. Adam und Eva gehen an die Trauben und werden trunken. Abraham sieht die Drei und betet den Einen an. Jona versinkt im Bauch des Fisches. Tobias heilt seinen blinden Vater. Jesus wäscht seinen Jüngern die Füße, und Judas verrät den Herrn mit einem Kuß. Der Gute Hirt sucht das verlorene Schaf. Und der verlorene Sohn kehrt heim. Die Frauen weinen am Grabe, und ein Engel tröstet sie.

Angesichts solcher Bilder vom Mittelalter konnte Novalis noch schreiben: »Es waren schöne glänzende Zeiten, wo Europa ein christliches Land war, wo eine Christenheit diesen menschlich gestalteten Weltteil bewohnte; ein großes gemeinschaftliches Interesse verband die entlegensten Provinzen dieses weiten geistlichen Reichs.«

Die »Gerechtigkeit Gottes« spricht:

»Ich muß nun mit klagender Stimme rufen: Meine Krone ist durch das Schisma irrender Geister verdunkelt, da ein jeder nach seinem Wollen sich sein eigen Gesetz macht... Mein Gewand ist beschmutzt vom Staube der Erde. Die buhlerischen Menschen beflecken mein Kleid, ohne sich in der Reue zu reinigen. Blind sind sie geworden, taub und stumm. Sie singen nicht mehr das Gotteslob noch urteilen sie nach meinem Urteil; vielmehr verschlingern sie sich in Habsucht, und sie wollen ihre Wunden nicht heilen. Auf diese Weise entsteht ein ekelhafter Zustand (taedium) in allen festgeordneten Ständen der Kirche. Wie ohne Stab schreitet sie einher, weil alle ihre Ordnungen (constitutiones) ins Wanken gerieten. Die Ordnungen der kirchlichen Stände sind verfinstert, weil sie nur noch den Namen tragen wollen, ohne das dazugehörige Werk zu tun. Deshalb kann auch unter ihnen keine wahre Freude mehr aufkommen. Das ist so wie bei einem Glauben, der ohne Werke bleibt.«

(LDO X, 11).

5. **Eva**
um 1125;
Autun, Kathedrale,
Fragment des Türsturzes
vom Nordportal.

Ordensleben zwischen Tradition und Reform

Was im Aufbruch Europas bei allem Umbruch des Zeitalters dominiert, ist der mittelalterliche Ordo-Gedanke. Er ist es, der den Orden jene »Regula« gab, in der sich das christliche Heilswerk vollziehen sollte. Herkunft und Eigenart der so vielschichtigen religiösen Bewegungen des 12. Jahrhunderts stellen uns vor immer neue Fragen. Die Weisungen des Evangeliums wie auch das Vorbild der Apostel waren es, die allem Reformbestreben neue Impulse vermitteln konnten.

Im Zuge der cluniazensischen Reformbewegung (910) bereits waren neue Orden entstanden: 1085 die Kartäuser, 1098 die Zisterzienser, 1120 die Prämonstratenser. Mit dem 13. Jahrhundert breiten sich dann die Bettelorden aus: die Dominikaner, Karmeliter, Franziskaner, Augustiner. Hinzu treten lockere Formationen wie die Wanderprediger, bald breiten sich auch die Katharer und die Waldenser aus.

Seit der Reformpapst Gregor VII. (1073 – 1085) die geistliche Gewalt über die weltliche zu stellen versuchte, waren die Auseinandersetzungen um die Gewaltenteilung nicht mehr zur Ruhe gekommen. Der natürlichen Ordnung nach sollte die Geistlichkeit als Verwalterin der Heilsmittel der Hort heilbringender Lebensform bleiben. Die weltliche Herrschaft hätte demnach die Gesetzesordnung und Friedenswahrung zu übernehmen. Dagegen erwies sich die zunehmende Belastung der Kirche durch die weltlichen Besitztümer als ein Herd ständiger Auseinandersetzung und wachsender Unruhe.

Der Konflikt zwischen geistlichen Bereichen und den weltlichen Positionen zieht sich durch das ganze Jahrhundert. Unter Friedrich Barbarossa erhält das Reich aber auch erstmals sakralen Charakter, versteht sich als »sacrum imperium«. Damit verbinden sich nun nach und nach auch die aus dem römischen Recht entnommenen juristischen Strukturelemente des Reiches. Es ist nicht von ungefähr, daß auf Betreiben Barbarossas die Heiligsprechung Karls des Großen von einem Gegenpapst vorgenommen, diese aber folglich von der Kirche nie bestätigt wird. Erst im Jahre 1177 kommt es in Venedig zum Friedensschluß, wobei der Kaiser dem Papst mit dem Fußkuß huldigen muß.

Auch die Äbtissin Hildegardis vom Rupertsberg weiß – höchst befremdet von Barbarossas Papst-Politik – ihrem Kaiser zu schreiben: »In meiner mystischen Schau habe ich klar vor Augen, daß du dich wie ein Kind benimmst, ja, noch schlimmer – wie ein Dummkopf! O König, es ist dringend notwendig, daß du in deinen Handlungen vorsichtiger wirst. Sieh dich nur vor, daß der höchste König dich nicht zu Boden streckt wegen der Blindheit deiner Augen, die nicht mehr richtig sehen, wie du das Zepter zum Regieren in deiner Hand halten müßtest. Nimm dich ja in acht, und handle so, daß Gottes Gnade sich nicht von dir zurückzieht!« (Bw 86).

In diese Auseinandersetzungen greift also auch Hildegard ein, die Äbtissin und Seherin vom Rupertsberg. Die Gerechtigkeit – so ruft sie –

6. **Dominikus übergibt Papst Honorius III. seine Ordensregel zur Prüfung**
Marmorrelief am Grabmal des Dominikus in S. Domenico in Bologna, 1265/66 von Niccolò Pisano geschaffen.

7. **Herrscherdarstellung**
um 1200;
wahrscheinlich ein Glasfenster der zerstörten romanischen Kathedrale in Straßburg.

übt nicht mehr ihre Rechte aus, weder in Kirche noch Reich. »Und so werden sie zueinander sprechen: Wie lange noch sollen wir diese räuberischen Wölfe erdulden und ertragen, sie, die Ärzte sein sollten und sind es doch nicht!« Und weiter: »Ihre Frevel fallen über uns, und die ganze Kirche welkt dahin; denn sie verkündigen nicht mehr, was recht ist.« Als Räuber am Kirchengut zeigen sie sich mehr als Verführer denn als Lehrer. »Mit den Ämtern lassen sie uns verarmen und machen uns bedürftig und besudeln sich selbst und uns« (LDO X, 16).

Hildegard wendet sich eindeutig gegen jede Art von Simonie: »Durch heimliches Erschleichen, offenen Raub und in unsinnigem Wüten vereinnahmen sie aufs Geratewohl durch das verruchte Geld die von Gott festgesetzten Ämter. Und so bringen sie die Kirche in unselige Verwirrung« (Sc III, 9). An Hartwig, Erzbischof von Bremen, schickt die Seherin die Warnung: »Beachte, daß in dieser Zeit die Hirten blind und lahm und Räuber des todbringenden Geldes sind und die Gerechtigkeit Gottes ersticken!« (Bw 96). Wenn Gott auch erlaube, »daß der Reiche Reichtum hat, den er den Armen entzieht, so liebt Er doch mehr die Gestalt des Armen, weil dieser Sein Bild ist.«

Reichtümer und die Fülle des Geldes, sie können das Himmlische einfach nicht lieben, schreibt Hildegard dem Erzbischof Arnold von Trier, und weiter: »Deshalb entzieht Gott dem Menschen den Eigenwillen, damit er seufzen lerne nach dem himmlischen Vaterland. Darum ziemt es sich auch, daß der Arme den Armen liebt und der Reiche den Reichen prüft. Denn dem Armen gibt die Weisheit den Ring, dem Reichen aber verweigert sie das Ohrgehänge« (Bw 53). Damit nimmt Hildegard ganz deutlich Stellung gegen die zu ihrer Zeit immer wilder um sich greifende Simonie; so auch in einem Schreiben an Erzbischof Heinrich von Mainz, wo wir lesen: »O ihr Hirten, klagt und trauert in dieser Zeit, denn ihr wißt nicht, was ihr tut, wenn ihr die in Gott begründeten Ämter um Geldbesitz an die Torheit schlechter Menschen verschleudert!« (Bw 95).

Gott aber kann einfach nicht zulassen, »daß die festgesetzten Ämter *(officiales causae)* mit gestohlenem Geld erkauft und verkauft werden. Die so etwas tun, gleichen giftigen Skorpionen; mit dem todbringenden Gift der Habsucht reißen sie nicht nur die weltlichen Stellungen an sich, sondern greifen auch ein in geistliche Bereiche« (Sc III, 6).

Mit der Verwirklichung der evangelischen Volkspredigt ist Hildegard von Bingen wohl am energischsten der zeitgenössischen Forderung nach einer Reform des Ordenslebens nachgekommen, wenngleich sie sich in religiös-politischen Grenzgebieten äußerst vorsichtig zu bewegen pflegte, während sie sich um so klarer zu äußern verstand, wenn es um religiös-moralische Grundfragen ging.

Prinzipiell stemmt sie sich gegen das »weibische Zeitalter«, worunter sie versteht: den Verfall der Kirche, eine zwielichtige Reichspolitik, die Verfremdung des Geistes durch die Häresien ihrer Zeit, vor allem aber die moralische Lauheit der repräsentativen geistlichen und weltlichen Herrscher. Was das Ordensleben weiterhin belastete, waren einmal die revolutionären Reformbestrebungen der Laien, des niederen Klerus wie auch neuer Ordensformen, zum anderen der Einbruch einer zunehmend rationalisierten Denkweise in die Theologie.

Dem Klerus zu Köln prophezeit die Seherin: »In euren Zeiten werdet ihr wegen eures Eigenwillens und ungeordneten Wandels viel kriegerische Unruhen erleben, in denen ihr zunichte werdet« (Bw 172). Die undisziplinierten Mönche zu Hirsau herrscht sie an als eine schwankende »Schar in der schiffbrüchigen Welt«: »Denn

8. **Die dreifache Mauer am Turm der Kirche** *versinnbildlicht den Weg des Alten Bundesvolkes zur Menschwerdung des Erlösers und damit den Heilsplan Gottes in der Kirche, begleitet von den Tugendgestalten am Wege zum Heil*
Liber Scivias, Kopie ehem. Rupertsberger Kodex, um 1180; Abtei St. Hildegard, Eibingen.

gegenwärtig herrscht in der Welt durch den Ansturm des schwarzen Tyrannen eine Zeit der Ungerechtigkeit und des Absturzes von der Höhe des glorreichen Sieges« (Bw 133). Einen Abt weiß sie zu warnen: »Bedenke auch, daß es in der heutigen Zeit traurig um die Abgeschlossenheit der Klöster bestellt ist, weil man sich nicht mehr an die Bindung des Gehorsams hält. Daher kommen auch viele Gottesgerichte über sie« (Bw 181).

Was als Bestand bei allem Wandel gleichwohl dominiert und sich über alle zeitlichen Wirren behauptet, ist der benediktinische Lebensstil. Mit dem Kloster und seinem »Ordo«-Gedanken stand dem Mittelalter nicht von ungefähr eine ganze Landschaft für Heilung und Heil zur Verfügung. Das Kloster war in der Tat immer noch eine Stätte des Heils wie der Heilung *(officina salutis et sanitatis)*.

Aus den waldrodenden Mönchen waren fachkundige Gelehrte geworden, aus reinen Betstätten die Elementarschulen Europas. Neben dem formalen und materialen Rüstzeug der Allgemeinbildung war es vor allem jener so gemäßigte wie zuchtvolle Lebensstil einer rhythmisch reglementierten wie geistig durchstimmten Tagesordnung, der das Abendland gebildet hat. Im formalen Training des Alltags bildeten sich hier die Instrumente, das Format und die Tendenzen der abendländischen Kultur aus.

»O Süße des Frühlings« – so lesen wir bei Bernhard von Clairvaux in seiner herzerfrischenden Ansprache zum Hohenlied – »o Zauber des Sommers, Fruchtbarkeit des Herbstes und, um nichts zu vergessen, o Seelenfrieden des Winters!« Immer wieder neu ersteht das Leben in den Spuren des Todes, so wie das Licht in den Schritten der Nacht von neuem erwacht.

Und so sind sie denn auch alle entstanden, diese herrlichen romanischen Klöster. Das Haus bricht gleichsam aus dem Boden hervor *(surrexit domus)*, so wie die Gazellen im Hohenliede der Liebe; es schwingt sich empor und gibt der ganzen Gegend Glanz. Und so heißen sie denn auch, diese Klöster, heißen Clairvaux (»Tal des Lichts«), Beaulieu (»Stätte der Schönheit«), L'Escale-Dieu (»Ruhestatt Gottes«), Claustrum Sancti Ruperti!

Das »Claustrum«, es ist die eigentliche Form dieses Hauses, eine eingefriedete Lichtung, dem wäldlichen Chaos abgerungen und nun in einem geradezu musikalischen Akkord im Menschen aufklingend. Denn im Mittelpunkt dieser steinernen Quadratur steht der Mensch, der sich orientiert an den vier Elementen der Natur, der lebt und gedeiht mit seinen vier Säften, der sich eingebunden weiß in die vier Himmelsrichtungen, die vier Jahreszeiten, die vier Weltalter.

Wie ein riesiges Zifferblatt erscheint ein solches Kloster, das alle Rhythmen der Zeit einbindet in seine Mauern, den Zyklus der Jahre, der Monate, des Tages, aller Stunden zwischen »actio« und »contemplatio«. Diese romanischen Klöster, sie sind in der Tat so etwas wie fleischgewordene Natur, aber ganz und gar reduziert auf das Wesen: das feste Skelett, die schwellende Muskulatur, die Sensibilität auch solcher Leiblichkeit. Sie erscheinen gleichsam wie ein Kristall dieses Kosmos. Die Schönheit der Steine trägt noch den Stempel der Arbeit daran. Alles ist gefügt, geglättet, eingepaßt, gehalten, ein Organ für den Choral auch, der nunmehr darinnen erklingt: die Symphonie des Neuen Jerusalems, das hier schon auf Erden erbaut wird.

Gottes Gaben – schreibt Hildegard – veralten nicht wie abgetragene Kleider. »Sie bleiben in ihrer Einfachheit immer neu: je älter, desto herrlicher *(quando vetustiora tanto clariora)*« (Sc II, 5). Aber noch ist die Welt auch im Wandel, im Umbruch. »So ändert sich die Welt«, schreibt Hildegard ihrer vielgeliebten Tochter Elisabeth von Schönau: »Die Welt hat nicht mehr die Triebkraft,

9. **Die hl. Elisabeth pflegt im Kloster – der Stätte des Heils wie der Heilung – einen Kranken** (Detail)
Kölner Meister, Ende des 14. Jh.;
Köln, Wallraf-Richartz-Museum.

aus der das Grün der Tugenden aufsprießt. In einer solchen Zeit aber ist es wahrhaft notwendig, daß Gott bestimmte Menschen betaut, damit Seine Werkzeuge nicht müßig bleiben« (Bw 196).

Als ein solches Werkzeug im Tau des Heiligen Geistes hat sie sich zeit ihres Lebens verstanden, die Seherin Hildegardis!

Stadt Gottes auf Erden

Das Kloster baut sich vor uns auf wie eine gewaltige Stadt: Nachbildung antiker Polis und zugleich Abbild des Himmlischen Jerusalem. Im Gegensatz zur antiken Welt, die sich weitgehend als Stadtkultur entfaltet hatte, waren die Klostergründungen im ländlichen Umfeld erfolgt. In ihren im ländlichen Frieden gelegenen Abteien entwickelten sie ihre je eigene »regula«, eine Anleitung zu kultivierter Lebensführung, und wurden in der Folge zu einer geistigen Domäne im christlichen Abendland. Mit ihrer Wissensvermittlung durch Schulen, Schreibstuben und Bibliotheken nahmen sie eine zentrale Position in der Kulturlandschaft des christlichen Europa ein.

Über die benediktinische Lebensordnung hinaus wurden es vor allem die reformatorischen Ordensbewegungen, die völlig neuartige ökonomische und hygienische Funktionen übernahmen: neben der Rationalisierung der Land- und Forstwirtschaft auch die Regulierung einer biologisch sinnvollen Ernährungsweise und, damit verbunden, wiederum eine wohldurchdachte Armen- und Krankenpflege mitsamt einer umfassenden Altersversorgung. Als integralen Bestandteil seiner Ökonomie besaß bald jedes Kloster auch einen Krankensaal *(infirmarium)* und einen Heilkräutergarten *(hortus sanitatis)*, dem in der Regel eine Apotheke *(armarium pigmentorum)* beigegeben war. Neben der klosterinternen Krankenabteilung finden wir Herbergen zur Pflege von kranken Reisenden *(hospitium)* wie auch ein besonderes Haus für die Armen, Kranken und Pilger *(hospitale pauperum)*, alle insgesamt feste Institutionen jener »misericordia«, die den Notleidenden später erwiesen wurde im »Hôtel-Dieu«, dem Haus der Gäste Gottes.

Man darf wohl annehmen, daß auch Hildegard von Bingen bei der so großzügig geplanten Organisation des Klosterwesens auf dem Rupertsberge den berühmten Klosterplan von St. Gallen (um 830) gekannt und ausgewertet hat: mit dem Haus des Arztes, mit Apotheke und Kräutergarten, mit Badeanlagen und Aderlaßräumen, einem Spital und zahlreichen hygienischen Einrichtungen. Mit allem verbunden war eine damals schon erstaunlich ausgereifte Ökonomie: mit Gartenland und Weinfeldern, Ställen und Kellern, einer Mühle und der Brauerei, mit Schmiede, Werkstätten und dem so beliebten Fischteich. Neue Methoden der Landwirtschaft und handwerkliche Techniken ließen die Orden zu einem Wirtschaftsfaktor ersten Ranges werden, von den sanitären Maßnahmen und gesundheitspolizeilichen Organisationen gar nicht zu reden.

Die mit dem 11. Jahrhundert einsetzende geistige Regeneration dieser Ordensgemeinschaften war zutiefst verknüpft mit einer wirtschaftlichen Blüte, die sich neben Armen- und Krankenpflege sowie Einrichtungen sozialer Wohlfahrt auch in künstlerischen Aktivitäten zu äußern verstand. Die Cluniazenser vor allem entfalteten mit dem 11. und 12. Jahrhundert in Frankreich, Oberitalien, Flandern und Lothringen, aber auch in deutschen Landen eine rege Bautätigkeit. Von da stammen nicht nur Großklöster wie in Cluny oder Hirsau, sondern auch Kathedralen wie in Tournai oder Dome wie in Speyer: viel zu groß für die Bedürfnisse der Bevölkerung, aber immer noch zu klein für die Majestät Gottes.

Das Kloster ist zu einer Matrix für die Kultivierung des Alltags geworden, wobei bei allem agierenden Weltleben der kontemplative Lebensstil dominierend bleibt. Vom Markte des Weltwirkens wird der Arbeiter gerufen in Gottes Weinberg.

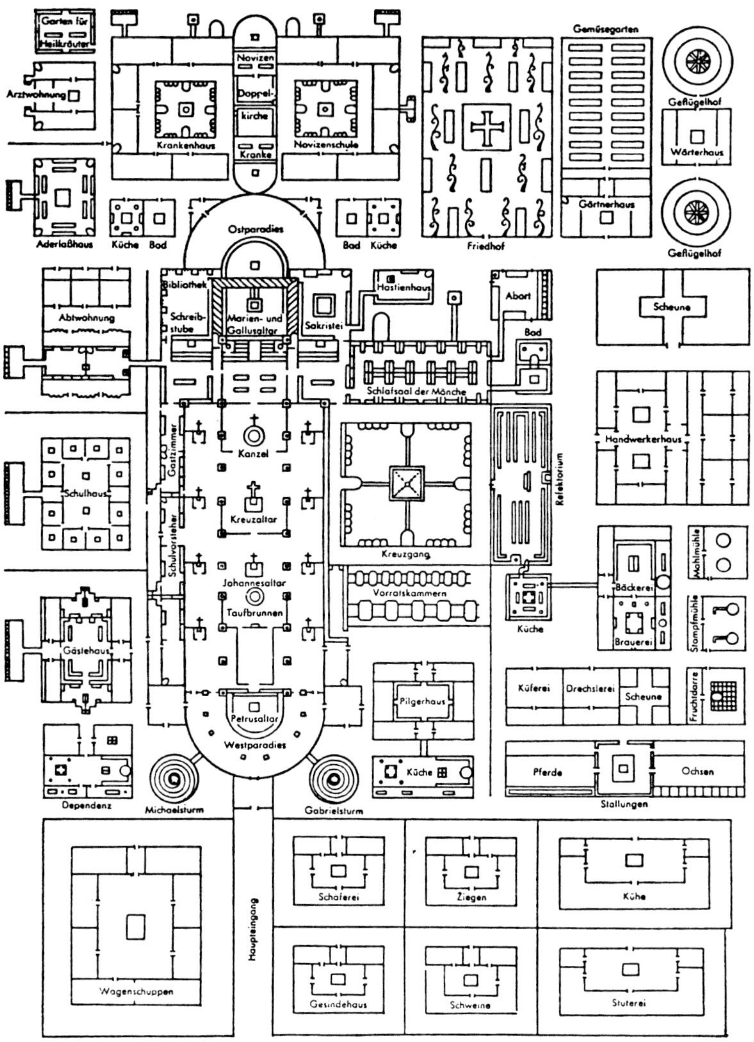

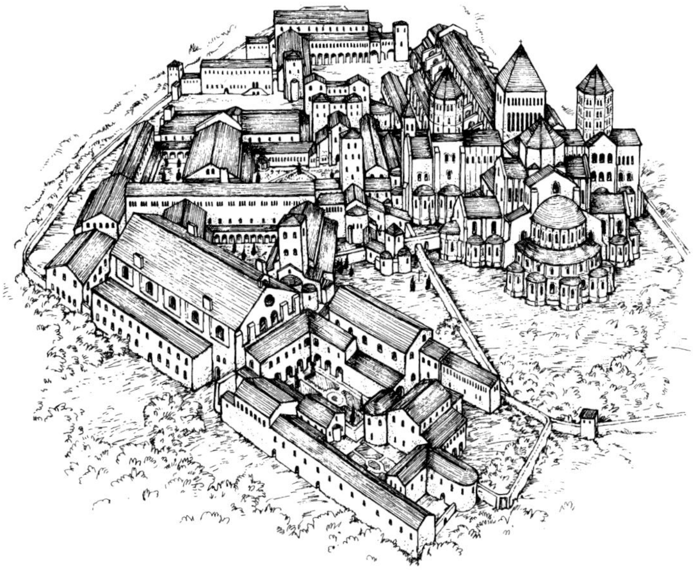

10. **Klosterplan von St. Gallen**
um 830; Nachzeichnung.

11. **Rekonstruktion der Klosteranlage von Cluny in der Zeit um 1150**
Rekonstruktionszeichnung von K. J. Conant.

Es ist unsere Absicht, eine Schule für den Dienst des Herrn einzurichten. Wir hoffen, dabei keine rauhen und drückenden Vorschriften zu geben. Wenn es aber doch zuweilen recht und billig erschien, zur Ausmerzung des Bösen und zur Bewahrung der Liebe etwas mehr Strenge walten zu lassen, so darfst du nicht, von Furcht ergriffen, allsogleich vom Weg des Heiles fliehen, der am Anfang nicht anders als enge sein kann. Schreitet man aber im Mönchswandel und im Glauben voran, dann wird das Herz weit, und man eilt in unsagbarer Wonne der Liebe den Weg der Gebote Gottes. So wollen wir uns seiner Leitung nie entziehen, in seiner Lehre bis zum Tod im Kloster verharren und auf diese Weise in Geduld an den Leiden Christi teilnehmen, damit wir auch Mitgenossen seines Reiches werden dürfen.

(Schluß der Vorrede zur »Regel« des heiligen Benedikt.)

12. **St. Benedikt**
Benevent, 11. Jh.;
Rom, Vatikanische Bibliothek.

Schauplätze eines außergewöhnlichen Lebens

Gut Bermersheim

Im rheinhessischen Nahegau, unweit des Römerkastells Alzey, liegt das Dorf Bermersheim, durch Urkunden der Reichsabtei Lorsch bereits für die Jahre 769 bis 797 offiziell bezeugt. Auf dem Herrenhof am Dorfausgang hatte das rheinfränkische Geschlecht der Edelfreien von Bermersheim seinen Stammsitz.

Die tragende Grundstruktur einer solchen kleinen Gemeinschaft war jenes »Haus«, für das erst in späteren Jahrhunderten der Begriff »familia« geläufig wurde. Die Familie des frühen Mittelalters war zunächst einmal eine Abstammungsgemeinschaft und nannte sich daher auch »Geschlecht«: ein Stamm und daraus abzweigend die Sippe. Erst mit dem 13. Jahrhundert trat zum Vornamen als Leitname der Familienname. Das Haus als rechtlicher Verband war einfach Mittelpunkt: eine Einheit von Wohnung und Besitztum und damit auch Wirtschaft und Haushalt *(oeconomia)*.

Das »Brauchtum« setzte sich nach und nach durch und schuf Konsens und Normen, besonders aber jenes »Weistum«, aus dem sich alle Rechtsordnungen bildeten. Wer im Hause wohnte, hatte Anteil an der Produktions- und Konsumtionsgemeinschaft. Der Hauswirt traf Vorsorge und ließ Fürsorge walten für alle ihm Anvertrauten. Als Lebensgemeinschaft war eine solche »Familie« Erziehungsgemeinschaft und gab das Erbe weiter, die Habe und auch die Ehre. Sie bot Schutz gegen Elend und Not und bildete eigene Lebensformen aus. Aus der mittelalterlichen Sippenfamilie ist dann nach und nach erst die bürgerliche Kleinfamilie erwachsen.

Der »Hausvater« war es, der in weiser Voraussicht die Normen setzte und jedem das Seine zuteilte, der planvoll eingriff und alles mit Zucht und Maß verwaltete. In einer solchen Gemeinschaft wurden denn auch zu allen Zeiten die archaischen Erfahrungen von Väterlichkeit, Mütterlichkeit und Kindlichkeit gemacht. Hier haben wir eines jener humanen Muster vor uns, die aufbauen auf Bildung, Sozialisation und Religiosität.

In einer solchen »familia« erblickte Hildegardis im Jahre 1098 das Licht der Welt, als zehntes Kind des edlen Hildebert, der sich in einer Urkunde des Jahres 1127 noch Vermers nannte. In der mit dem Herrenhof verbundenen kleinen Kirche wurde seine Tochter vermutlich getauft.

Die Sippe der Bermersheimer gehörte sicherlich zu den Kreisen des Hochadels, und die Magistra Hildegardis blieb sich zeitlebens ihres hohen Standes bewußt. Ihr Neffe Arnold, Erzbischof von Trier, war einer der höchsten Kirchenfürsten des Reiches. Pfalzgraf Konrad, Stiefbruder Barbarossas, gewährte ihrem Kloster Rupertsberg besondere Privilegien. Hildegard pflegte ihre Beziehungen zu dem Markgrafen von Stade wie zu dem Pfalzgrafen von Stahleck. Zur Gräfin Bertha, Schwester Königs Konrad III.

13. Taufkirche Hildegards.

und Gattin Hermanns von Stahleck, stand sie in freundschaftlichem Verhältnis.

Wir wissen nur wenig über die ersten Jugendjahre des Mädchens Hildegardis. Immerhin sind uns sieben der neun Geschwister mit Namen bekannt. Drutwin, der Älteste der Brüder, erscheint 1127 mit seinem Vater in einer Urkunde als Zeuge. Hugo bekleidete das Amt des Domkantors der Mainzer Kathedrale. Roricus war Kanonikus in Tholey an der Saar. Vier Schwestern finden Erwähnung: Irmengard, Odilia, Jutta sowie Clementia, die später als Nonne in Hildegards Kloster eintrat.

14. Siegel des Klosters Disibodenberg.

Der Chronist weiß lediglich zu berichten, daß die Eltern Hildebert und Mechtild das aufgeweckte Mädchen im Jahre 1106 zum Kloster Disibodenberg brachten, wo es die Klausnerin Jutta von Spanheim in ihre Obhut nahm. Gleichsam als »Zehnter« Gott geweiht, wurde Hildegard nun selber eine »inclusa«, eine »Eingemauerte«, die sich in klösterlicher Abgeschiedenheit weiterzubilden hatte. Mit 16 Jahren nahm sie dort aus der Hand des Bischofs Otto von Bamberg den Schleier.

Seit ihrer frühesten Kindheit hatte sich an der jungen Hildegard eine außergewöhnliche intuitive Begabung gezeigt. »Der Herr hat mich vom Mutterschoße an berufen,« zitiert sie den Propheten Jesaja (49, 1), »im Mutterschoß schon meinen Namen genannt.« Und so spricht nun auch Hildegard selber: »Bei meiner ersten Formgebung *(prima formatione)*, als Gott mich im Mutterschoße *(in utero matris)* durch den Hauch des Lebens erweckte, prägte Er diese Schau *(visio)* meiner Seele ein!« (V II, 2).

Auf allen Schauplätzen ihres Lebens sollte sie Hildegard begleiten, diese Schau!

Kloster Disibodenberg

Die Ursprünge des Klosters Disibodenberg gehen auf frühmittelalterliche Zeit zurück. Um das Jahr 700 kam der irische Mönch Disibodus nach Deutschland und zog sich in eine »wilde einsame Gegend« an der Einmündung der Glan in die Nahe zurück. Hier gründete er ein Kloster nach der Regel des heiligen Benedikt. Eine besondere Blüte erlebte das Kloster zwischen 1108 und 1143 unter Stephan von Spanheim, dem Vater der Magistra Jutta, der Erzieherin Hildegards. Mit dem Jahre 1108 begann auch auf dem Disibodenberg eine langjährige Bauperiode, die Kirche und Ordensgemeinschaft wesentlich erweitert hat. 1143 wurde die neue Basilika durch den Mainzer Erzbischof Heinrich I. feierlich eingeweiht.

In all diesen Jahren hat die Nonne Hildegard – seit dem Jahre 1136 auch Magistra des Frauenkonvents – die Bautätigkeiten wie auch die wachsenden wissenschaftlichen Beziehungen zu benachbarten Klöstern wachen Geistes verfolgen können. Besonders eng wurden dabei die Beziehungen zu Trier, seinen Klöstern und Erzbischöfen. Hier hatte vom November 1147 bis Mitte Februar 1148 Papst Eugen III. mit großem Gefolge eine Synode abgehalten, auf der – wie wir noch sehen werden – der Papst die »Visionen« der Nonne Hildegardis prüfen und dann auch bestätigen ließ. Trier wurde für Hildegard nicht nur der Ausgangspunkt vielfältiger Beziehungen zu bedeutenden Persönlichkeiten in Reich und Kirche, sondern auch ein Fokus für eigene Aktivitäten. Wenige Jahre nach der Trierer Synode bereits gründete Hildegard ihr Kloster Rupertsberg; reiche Beziehungen sollten sich in der Folge zwischen ihrem Kloster und den Klöstern St. Eucharius, St. Matthias, St. Maximin bilden.

In enger Verbindung mit diesen für eine Frau des Mittelalters sicherlich außergewöhnlichen

Aktivitäten erscheinen nun auch die enormen innermonasterischen Aufgaben einer Leiterin des Konvents wie auch die verwaltungstechnischen Funktionen in einem rasch anwachsenden Klosterwesen, die Hildegard veranlaßten, ein eigenes, selbständiges Kloster zu gründen.

Kloster Rupertsberg

Die Gründung eines eigenen Klosters ging nicht ohne den Widerstand der Mönche auf dem Disibodenberg vor sich und war begleitet von enormen äußeren Schwierigkeiten. Immerhin konnte bereits im Jahre 1152 durch den Mainzer Erzbischof Heinrich die Weihe einer Klosterkapelle vorgenommen werden. Auch schenkte er dem Kloster damals die »Mühlstatt« am Binger Loch, die sogenannte Mühlenwerth.

Das Gelände zum Klosterbau hatte Hildegard durch Kauf aus dem Besitz des Propstes Hermann von Mainz und des Grafen Bernhard von Hildesheim erworben. Hinzu kamen Schenkungen wie auch Naturalleistungen und Grundzinsen von mehreren Gütern. Als wichtigste Dotation ergab sich die Erbschaft von Bermersheim, welche Hildegards Geschwister der Abtei Rupertsberg vermachten. Durch Vergabungen und Tausch, durch Ankauf wie auch die Erbschaft gelangte das Kloster nach und nach zu einem ansehnlichen Grundbesitz, der nun auch juridisch gesichert werden mußte.

Seine kirchenrechtliche Bestätigung erhielt das Kloster durch zwei Urkunden, die Erzbischof Arnold von Mainz am 22. Mai 1158 ausfertigen ließ. Eine Reihe von illustren Zeugen dieser Urkunden ist uns bekannt, so die Äbte von St. Alban und St. Jacob zu Mainz, Abt Helingar vom

Endlich also zog die Dienerin Gottes mit achtzehn gottgeweihten Jungfrauen von der Stätte ihres bisherigen Aufenthaltes fort. Und wenn sie den Zurückbleibenden viel Schmerz und Trauer hinterließ, so brachte sie der Gegend, in die sie nun zog, viel Freude und Jubel. Denn aus der Stadt Bingen und den umliegenden Ortschaften waren ihr viele angesehene Persönlichkeiten und eine beträchtliche Volksmenge entgegengekommen, die sie unter Frohlocken mit geistlichen Gesängen empfingen. Als Hildegard mit ihrer kleinen Herde die für sie bereitete Stätte bezogen hatte, pries sie frommen und freudigen Herzens die göttliche Weisheit, die alles fügt, umfing die ihrem Schutze anvertrauten Nonnen mit mütterlicher Liebe und ließ nicht ab, sie in der Lehre der Regel mit Klugheit zu unterweisen. Um nicht den Anschein zu erwecken, sie sei in fremde Besitzungen eingebrochen oder habe sie in Beschlag genommen, erwarb sie den Ort, den sie bewohnte, von den ehemaligen Besitzern mit Hilfe von Schenkungen der Gläubigen, und zwar teils durch Bezahlung, teils durch Tausch. Da sie ihn frei erworben hatte, entschied sie, daß er auch für immer frei bleiben sollte; nur der Schutzherrschaft der Mainzer Kirche unterstellt, sollte er keinen anderen Schutzherrn als den Erzbischof dieses Sitzes haben. Denn es sollte nicht so scheinen, als ließe sie mit einem Vogt aus dem Laienstand einen Wolf in den Schafstall ein, zumal unter diesem verbreiteten Mißstand sehr viele Kirchen auf dem Erdkreis leiden und zugrunde gehen.

(V I, 7).

Disibodenberg, Abt Anselm vom Johannesberg im Rheingau, die Pröpste von Mainz und Frankfurt, die Grafen Gottfried von Sponheim, Konrad von Kirchberg, Emicho von Bamberg und Berthold von Nidda.

Auf dem Hoftag zu Mainz wurde am 14. April 1163 dem Kloster Rupertsberg der Kaiserliche Schutzbrief ausgestellt. Wer es danach unternehme, sich zum Vogt dieses Klosters zu machen, dem werde mit der »Kaiserlichen Rechten« *(imperiali dextera)* gedroht.

Die beachtlichen Zeugen im »Schutzbrief« Barbarossas sind nicht nur ein erstaunliches Zeugnis für die damalige Reichweite von Hildegards Wirken, sondern auch für das öffentliche Interesse am Werk der Seherin vom Rupertsberg. Da erscheint als erster Zeuge einer der großen Kirchenfürsten seiner Zeit: Konrad von Wittelsbach, ein Bruder des Bayernherzogs Otto von Wittelsbach, von 1161 bis 1165 und von 1183 bis 1200 Erzbischof von Mainz. Ihm hatte Hildegard in einem Schreiben empfohlen, die »strahlend schöne Gerechtigkeit Gottes« liebend in seinem Herzen zu umfangen »gleich einer minniglichen Freundin in deinem Schoß« (Bw 48). Ihm folgt alsdann in der Urkunde der Erzbischof Wigmann von Magdeburg.

Als nächsten Zeugen finden wir Eberhard von Biburg und Hipelstein, von 1143 bis 1164 Erzbischof von Salzburg. Diesem mächtigen Kirchenfürsten, der immer wieder zwischen Kaiser und Papst zu vermitteln vermochte, hatte Hildegard zu zeigen versucht, daß beides, das Streben zum Himmlischen wie die Fürsorge für das Volk, »zu einem Verdienst verbunden« werden könne (Bw 73). Ihm folgt in der Zeugenschaft der Erzbischof Heinrich von Würzburg.

Der nächste dieser schon beachtlichen Zeugen ist der mächtige Erzbischof Eberhard von Bamberg (1146–1170), der vom kaiserlichen Hoftag in Mainz aus im Jahre 1163 Hildegard auf dem Rupertsberge besucht hatte und dem sie in einem längeren Schreiben klarzumachen versucht, daß man nur in guten Werken wirkliche Werte schaffen könne (Bw 71). Ein weiterer Zeuge ist Erzbischof Hartmann von Brixen. Ihm folgt Heinrich, Bischof von Lüttich (1145–1164), der Friedrich Barbarossa häufig auf Hoftagen wie auf Feldzügen begleitet hat. Ihm gegenüber hatte Hildegard bewegte Klage über die gegenwärtige Zeit geführt, vor allem über ihre Hirten, über die man weinen müsse und nur klagen könne (Bw 65).

Als weiteren Zeugen finden wir Bischof Gottfried von Utrecht (1156–1177), der in Gegenwart Barbarossas gewählt worden war und im April 1163 auch auf dem Hoftag Friedrichs in Mainz erschien. Der nächste wichtige, ein weltlicher Zeuge war Konrad, Pfalzgraf bei Rhein, der Stiefbruder Barbarossas. Im gleichen Jahr (1163) gewährte er dem Rupertsberg besondere Privilegien für die klösterlichen Besitzungen in der Pfalz. Erwähnt sei noch der Herzog Heinrich von Bayern und Sachsen, dem weitere hochrangige Zeugen folgen.

Außerdem gewährte Erzbischof Christian von Mainz in einem Privileg von 1171 dem Kloster steuerliche Erleichterungen. Erzbischof Konrad von Mainz bestätigte 1187 die Rechtslage und stellte das Kloster erneut unter den Schutz der Mainzer Bischofsbehörde.

Kloster Eibingen

Im Jahre 1165 erwarb und besiedelte Hildegard das 1148 von der Adeligen Marka von Rüdesheim gestiftete und damals leerstehende Augustinerkloster in Eibingen oberhalb Rüdesheims. Zweimal in der Woche überquerte die Äbtissin im Nachen den Rhein und betreute bis ins hohe Alter ihr Filialkloster, dessen beschädigtes Gebäude sie für

15. **Das Kloster Rupertsberg vor der Zerstörung im Dreißigjährigen Krieg**
Stich um 1620.

16. **Abtei St. Hildegard, Eibingen.**

dreißig Benediktinerinnen hatte herrichten lassen. Nach der Zerstörung ihres Klosters durch die Schweden (1632) kamen die Nonnen vom Rupertsberg mit den Hildegard-Reliquien 1636 über Köln in das Kloster Eibingen, wo der Konvent eine wechselvolle Geschichte zu verzeichnen hat. Im Jahre 1802 wurde das Kloster aufgehoben.

Hundert Jahre später erst sollte es von neuem erstehen. In den Jahren von 1900 bis 1904 wurde das neue Kloster erbaut, wenn auch nicht mehr an seiner ursprünglichen Stelle in der Gemeinde Eibingen, sondern oberhalb auf der Höhe, inmitten von Weinbergen und einem großen Gartengelände. Am 17. September 1904 wurde das Kloster von Nonnen der Benediktinerinnen-Abtei St. Gabriel in Prag besiedelt. Am 7. September 1908 konnte auch die neue Klosterkirche konsekriert werden.

Auch in diesem Kloster Hildegards mag jener Geist herrschen, von dem Wibert von Gembloux schwärmen kann, wenn er berichtet: »Alles atmet hier Andacht, Heiligkeit, Frieden. An Sonntagen ruhen Webstuhl, Spindel und Feder. In heiligem Schweigen lauscht man frommer Lesung und liturgischem Gesang. An den Wochentagen aber, da erfüllen sie das Wort des Apostels: ›Wer nicht arbeitet, soll auch nicht essen!‹« (Pi 406).

Auf all diesen Schauplätzen konnte Hildegard ihrer Zeit deutlich machen, wie sehr Gott mit allen Weltstoffen den Menschen durchströmt hat. Hat Gott ihn doch mit dem Geist der Vernunft begabt, auf daß er nun mit aller Welt schöpferisch wirken könne. Daher auch Hildegards fundamentale Freude am Sein und seiner sinnenhaften Ausstattung *(constitutio)*. Daher auch ihre existentielle Anteilnahme an aller Gebrochenheit *(destitutio)*. Und aus der gleichen kosmischen Verbundenheit erkennt und schildert sie das Ringen der gesamten Schöpfung um das Heil *(restitutio)*. In aller Welt grünt dieser Geist und reift zu sichtbarer Frucht. Im Licht der Natur kommt das Leben leibhaftig zur Wirklichkeit.

Reiche Begabung wie auch günstige Entwicklung brachten an all diesen Wirkstätten eine hochgebildete Persönlichkeit zur Reife. Kindliche Frömmigkeit paarte sich mit bäuerlichem Naturempfinden, benediktinische Diskretion mit aristokratischer Distanzierung, poetische Empfänglichkeit mit selbstbewußter Mission. Aber Anlage und Umwelt erklären nicht allein das Wesentliche dieser Bildungsjahre. Was hinzukommt, ist Hildegards Hinhören, Fragen, Vernehmen – Vernunft als die fromme Haltung eines fragenden Vernehmens, von dem auch Hildegard weiß und bekennt: »Wo im Menschen die Frage nicht ist, da ist auch nicht die Antwort des Heiligen Geistes.«

Vom Alltag in Hildegards Kloster

Was das Kloster Rupertsberg angehe – so schreibt der Mönch Wibert von Gembloux in der zweiten Hälfte des Jahres 1177 an seinen Freund Bodo – so komme es ihm vor, als sei er in das Land hineingeführt worden, das von Milch und Honig fließt. Über dieses Gelobte Land berichtet er dann im einzelnen weiter:

»Man kann dort einen wunderbaren Wettstreit in den Tugenden beobachten. Die Mutter empfängt ihre Töchter mit so großer Liebe und die Töchter unterwerfen sich der Mutter mit so großer Ehrfurcht, daß man kaum unterscheiden kann, ob die Mutter die Töchter oder die Töchter die Mutter an Eifer übertreffen. Diese heiligen Dienerinnen wachen über sich selbst und erweisen sich derart gegenseitig Ehre und Gehorsam, daß das schwache Geschlecht mit der Hilfe Christi in einem erfreulichen Schauspiel über sich selber, die Welt und den Teufel zu triumphieren scheint. An den Feiertagen sitzen sie geziemend in der Klausur und widmen sich eifrig der Lesung und dem Erlernen des Gesangs. Und sie gehorchen dem Apostelwort: Wer nicht arbeitet, soll auch nicht essen.«

Wibert geht alsdann in seinem Bericht auf weitere Merkwürdigkeiten im Kloster Rupertsberg ein, die recht konkret den Alltag in einem mittelalterlichen Kloster beleuchten: »An den Werktagen beschäftigen sie sich in ihren entsprechenden Werkstätten oder mit dem Abschreiben von Büchern, mit der Anfertigung von liturgischen Gewändern und mit anderer Handarbeit. So strömt ihnen aus eifriger Lesung das Licht göttlicher Erkenntnis und die Gnade der Zerknirschung zu, indes die Verrichtung äußerer Arbeit die Trägheit, die Feindin der Seele, bannt und die Geschwätzigkeit, die in müßigem Beisammensein nur zu leicht viele Worte über die Lippen drängt, niederhält.«

In wenigen Jahren – schreibt Wibert weiter – habe sich dieses Kloster so mächtig entwickeln können, daß es in seinen stattlichen Gebäuden Platz und Unterhalt für fünfzig Nonnen wie auch für Angestellte und Gäste bot, wobei eigens erwähnt wird, daß in sämtliche Arbeitsräume Leitungen mit fließendem Wasser gelegt waren.

Was dem Mönch aus Flandern indes wie ein »Wunder« erschien, das war folgender Sachverhalt: »Dieses Kloster« – schreibt er – »ist nicht von einem Kaiser oder Bischof, einem Mächtigen oder Reichen dieser Erde gegründet worden, sondern von einer armen und zarten Frau.« Über den Geist, den diese Frau Hildegardis ihrem Kloster einzuflößen verstand, berichtet uns Wibert abschließend: »Die Mutter und Vorsteherin einer so großen Schar aber gibt sich allen in Liebe hin. Das Laster des Hochmuts, das meistens dem äußeren Ruhme entspringt, tritt sie mit dem großen Gewicht ihrer Demut nieder. Aus lauter Liebe ist sie auf diese Weise die Dienerin aller geworden: ständig sich ganz hingebend an die Forderungen des Augenblicks, die Forderungen des Alltags. Sie erteilt Ratschläge, löst schwierige Fragen, schreibt Bücher, unterweist ihre Schwestern, ermutigt die Sünder, die zu ihr kommen. Und so belastet sie auch ist durch Alter und Krankheit, so ist sie doch stark in der Ausübung aller Tugenden, so daß sie sich viele Apostelworte zu eigen machen könnte, so zum Beispiel: ›Allen bin ich alles geworden, um alle zu gewinnen‹, oder auch: ›Bin ich auch unerfahren im Reden, so doch nicht an Erkenntnis‹, oder auch dies noch: ›Gern rühme ich mich meiner Schwachheit, damit in mir wohne die Kraft Christi‹ – und mehr noch dieser Art«.

»Soweit wenigstens darüber« – schließt Wibert sein Schreiben an Bodo.

Wie dann aber an festlichen Tagen Hildegards Chorfrauen um den Altar der Klosterkirche standen – mit herabwallendem Haar und geschmückt mit leuchtenden Schleiern – auch das hätte Wibert seinen staunenden Mitbrüdern in Flandern berichten können: Sie trugen goldgewirkte Kränze auf ihren Häuptern mit den Zeichen des Kreuzes und dem Bilde des Lammes. Ihre Hände schmückten mit Juwelen verzierte goldene Ringe (vgl. Bw 201). Und sie sangen! Und so sah man sie auch durch die Klostergänge schreiten, als schwebten sie. Und sangen: »O virga ac diadema!« – »O Reis und Krone du, im Purpur des Königs, gegrüßet seist du, Maria!«

17. **Die Seherin Hildegardis bei der Niederschrift ihrer Schau** (Detail)
Liber Divinorum Operum,
um 1240; Ms. 1942,
Lucca, Biblioteca Statale.

II.
Leben und Wirken einer Frau

18. **Hildegard von Bingen auf dem Söller ihrer Klause** (Detail)
Salemer Scivias-Kodex, 13. Jh.
Cod. Sal. X 16, fol. 3v
Heidelberg, Universitätsbibliothek.

Stationen des Lebens

Auf dem väterlichen Herrenhof zu Bermersheim, im Kreise der älteren Schwestern und Brüder, erlebt das Mädchen Hildegardis seine erste Kindheit. Wir wüßten nur wenig darüber, wenn uns nicht Hildegard selber ein überaus merkwürdiges Zeugnis darüber hinterlassen hätte. In frühester Jugend nämlich schon – so erzählt sie uns später – habe sie eine eigentümliche intuitive Begabung an sich erlebt, die sie ihre »Schau« nannte; sie habe sie als »wundersame Gesichte« zu erklären versucht, dabei jedoch auch erfahren müssen, daß ihre Umwelt rein gar nichts davon verstand.

Und dies erzählt sie: »Wenn die Gewalt der Schau mich in ihrer Fülle durchströmte, sagte ich vieles, was den Hörenden seltsam erschien. Und so schämte ich mich sehr. Ich weinte oft und wäre froh gewesen, alles wieder mit Schweigen zudecken zu können, wenn dies möglich gewesen wäre. Die Menschen flößten mir daher so große Furcht ein. Deshalb wagte ich über die Art meines Schauens niemandem etwas zu sagen« (V II, 16).

Mit dem Heranwachsen scheint dieses »innere Schauen« stärker und deutlicher zu werden, und es gewinnt in jenen Jahren konkretere Züge, als die junge Hildegard der Klausnerin Jutta von Spanheim im Kloster Disibodenberg anvertraut wurde. »Dieser edlen Frau Jutta, unter deren Leitung ich stand, tat ich einzig und allein die Sache kund« (V II, 16). Was aber »die Sache« betrifft, so war es eine geheimnisvolle innere Stimme, die zu ihr zu sprechen begann: »Armes Wesen! Du Tochter vieler Leiden, förmlich ausgedörrt bist du von den häufigen und schweren Krankheiten deines Körpers! Trotz alledem hat dich die Tiefe der Geheimnisse Gottes übergossen. So zeichne auf und halte fest, was du mit deinem inneren Auge schaust und mit dem Ohr deiner Seele vernimmst!«

Immer deutlicher vernahm Hildegard den inneren Befehl: »Schreibe auf, was du siehst, und sage, was du hörst!« Ihrem Abt Kuno auf dem Disibodenberg schließlich berichtete die erschrockene Nonne von solchen Schauungen. Er gab ihr den Rat, einfach alles einmal aufzuschreiben; man werde schon sehen, was dabei herauskomme. Unterdes hatte sich Hildegard in ihrer inneren Unruhe auch an den Abt Bernhard von Clairvaux gewandt, hatte ihm ihre körperliche und psychische Verfassung dargelegt und glaubte gerade ihm, dem damals schon berühmten großen Mann, bekennen zu müssen: »Ich, erbärmlich und mehr als erbärmlich in meiner Existenz als Frau, ich schaute schon in meiner frühen Kindheit große Wunderdinge, und doch habe ich von Kindsbeinen an niemals in Sicherheit gelebt, nicht eine einzige Stunde.« Niedergeschlagen »vom fallenden Hebebaum in der Kelter« ihrer Natur, bittet sie nun den Abt um Rat und Hilfe und Tröstung: »Und so eile ich nun zu dir, der du den Baum immer wieder von neuem aufrichtest und dich als Sieger erweisest im geistlichen Streite, der Welt zum Heile. Bist du doch der Adler, der in die Sonne blickt« (Bw 25/26).

Abt Bernhard erwiderte recht distanziert und erklärte der Seherin, sie wisse ja schon selber am besten, wie es sei, und sie solle es in diesem Sinne dann auch kundtun. Als dann im Jahre 1147 die Synode zu Trier tagte, war es Erzbischof Heinrich von Mainz, der die Visionsgeschichte vor Papst Eugen III. brachte. Dieser sandte eine Kommission unter Erzbischof Albero von Verdun zum Kloster Disibodenberg, um kritisch zu prüfen, was wohl an der Sache sei. Die Prüfung fiel rundum positiv aus, so daß nun der Papst selber sich bewogen fühlte, vor der hohen Geistlichkeit aus Hildegards Schriften vorzulesen; er bestätigte damit offiziell ihre Sehergabe und forderte sie zur Niederschrift ihrer Visionen auf.

Die Jahre des Wartens in Geduld, der Prüfungen, der leiblichen Erkrankungen auch, sie sind nun vorbei, und Hildegard schreibt ihr erstes großes Werk zu Ende: »Wisse die Wege des Herrn« *(Sci vias Domini)*.

Einem Pariser Magister hat die »Magistra Hildegardis« später einmal ihre leibliche Schwachheit geklagt und ihre humanistische Unbildung bekannt, als sie schrieb: »Und so bin ich keineswegs durchtränkt mit einer menschlichen Wissenschaft, auch nicht mit besonderen Geisteskräften, sondern fuße allein auf der Hilfe Gottes.« Gleichwohl habe es dem König der Herrlichkeiten gefallen, ein kleines Federchen von der Erde aufzulesen und im Winde Gottes dahinfliegen zu lassen. Allein aus der höheren Schau will die Seherin schreiben, wachen Leibes ohne jede Entrückung oder Versenkung, in wachsamer Ergründung, in der hellen Vision einer Prophetie. Was sie als Antwort von sich gibt, ist nicht menschliches Vermuten in humanistischer Bildung, sondern die Gottheit selber: »das lebendige Licht des Heiligen Geistes im geheimen Wort aus der väterlichen Weisheit.«

Das literarische Wirken

Die uns vielfach überlieferten Darstellungen der Seherin Hildegard zeigen eindrucksvoll, wie sehr sie zu lauschen und daß sie zu schauen verstand. Ihre charismatische Begabung war legitimiert worden durch die kirchliche Anerkennung, ja Aufforderung, nun auch zu verkündigen. Das tat sie, ebenso horchend wie gehorchend. Es ist dieses wachsam erregte, frömmige Fragen eines liebenden Herzens, das immer wieder begeistert ausbricht angesichts der Herrlichkeit dieser Welt, vor aller äußeren Schönheit und inneren Lebendigkeit auch unserer eigenen leibhaftigen Existenz.

Zehn Jahre – von 1141 bis 1151 – schrieb Hildegard am »Liber Scivias«, einer Glaubenslehre, die Kosmologie und Anthropologie aufs engste mit der Theologie verknüpft. In insgesamt 26 Schauungen zeigt uns die Seherin die Schöpfung der Welt, den Fall der Engel, die Erschaffung des Menschen und seinen Fall, gefolgt vom »feurigen Werk der Erlösung« durch Christus und seine Kirche. Im Aufbau eines gewaltigen Gebäudes vollzieht sich das Heilsmysterium durch die Räume und über die Zeiten bis zum Jüngsten Tag, dem Tag der Großen Offenbarung.

Zwischen 1158 und 1163 entsteht der »Liber Vitae Meritorum«, eine Lebenskunde mit dramatischen Wechselgesprächen der Laster und der Tugenden. Auch in dieser Szenerie des Alltags wird gezeigt, wie sehr Mensch und Kosmos in einem wechselseitigen Verhältnis zueinander stehen und wie »die Schöpfung aufschaut zu dem Schöpfer wie eine Geliebte zu ihrem Geliebten«.

In das Jahrzehnt von 1163 bis 1173 fallen die Kosmosvisionen des »Liber Divinorum Operum«. Das »Buch der Gotteswerke« wird zu Recht als Hildegards zentrale schöpferische Leistung angesehen. In zehn Visionen entfaltet die Seherin eine kosmologisch unterbaute Heils-

19. **Hildegard**
In der Vorrede zu »Wisse die Wege« zeigt der Rupertsberger Kodex die Gestalt der Seherin Hildegardis. Sie sitzt in ihrer Zelle, deren Säulen den Alten und den Neuen Bund versinnbildlichen. Durch das Dach bricht der fünffach gezüngelte Strahl der göttlichen Inspiration und überblendet das Antlitz der Prophetin. Auf dem Schoß hält sie die Wachstafel, in der Hand den Griffel, bereit aufzuschreiben, was sie sieht und hört. Der Mönch Volmar steht ihr hilfreich zur Seite.
Liber Scivias, Kopie ehem. Rupertsberger Kodex, um 1180; Abtei St. Hildegard, Eibingen.

geschichte von der Genesis bis zur Apokalypse. Die Einheit dieser Schöpfungsordnung umfaßt die Welt der Engel ebenso wie das Reich der Pflanzen und der Tiere; sie verknüpft das Sinnenleben mit dem Gnadenwirken und stellt den Menschen mit Leib und Seele, Welt und Kirche, Natur und Gnade in die verbindliche Verantwortung der einen, einzigen Wirklichkeit.

Gott selber ist es, der uns in dieser Welt als die Liebe erscheint und der auch in uns alle Liebe geordnet hat. Sie ist der Ort aller Orientierung geworden. »Ein nie verlöschendes Feuer ist die Liebe; aus ihm haben die Funken des wahren Glaubens, die in den Herzen der Gläubigen brennen, ihre Glut. Durch die Liebe zu Gott werden sie entzündet zum Glauben, den sie gar nicht haben könnten, würden sie Ihn nicht zuvor schon im Herzen lieben«. Diese schönen Worte schreibt die greise Äbtissin Hildegardis an ihren stürmischen jugendlichen Bewunderer, den Mönch Wibert von Gembloux! Und sie schließt: »Und dies bedeutet auch in euch die Ordnung der Liebe *(ordinatio caritatis)*« (Pi 400).

Unter solcher Fülle der Gesichte weiß man nicht, was man an diesem Weltgedicht mehr bewundern soll: die Strenge der geistigen Architektonik, die Rhythmik in der Abfolge des dramaturgischen Panoramas, die Innigkeit des Glaubens, die Wärme der Hinneigung, die Schönheit der Sprache und all ihrer Geheimnisse. Selbst für die wohl kompetenteste Kennerin der »Opera Hildegardis«, Schwester Angela Carlevaris vom Hildegardis-Kloster Eibingen, ist die Lesung dieser so geheimnisschweren Texte – so noch 1995 – zu einer immer wieder neuen Entdeckung geworden. »Es ist, als erschlössen sich hinter einer Wegbiegung in einer Gegend, die man gut zu kennen glaubte, plötzlich noch nie gesehene Aussichten. Nichts hat sich geändert, und doch scheint alles neu und anders zu sein.«

Beim wiederholten Lesen erst werden wir entdecken, daß sich in diesem Schrifttum eine ungemein zarte Dichtung versteckt, eine heimliche Schönheit, die sich äußert im Rhythmus des Satzbaues, im Tiefsinn plastischer Metaphern, im Fluß der Symbole und der Eindringlichkeit der Figuren, in der Farbigkeit der Bildstreifen und in der Vergegenwärtigung einer Harmonie der Welten. Allerdings fehlen der Seherin gängige Kunstmittel der scholastischen Rhetorik, sodaß man auch das oft so hölzerne, ungeschliffene, scheinbar Platte ihrer dunklen Ausdrucksweise hinnehmen muß. Nur zu oft erlahmen ihre Bilder auch, schleppen sich durch langatmige Passagen fort, bis dann wieder die Glut der hohen Inspiration durchbricht und alle Bilder so flüssig und so leuchtend macht, daß es einem einfach den Atem nimmt.

Das künstlerische Schaffen

Eng mit dem literarischen Wirken verbunden erscheint uns das so vielschichtig angelegte künstlerische Schaffen. Künstlerisches Wirken gehört einfach zu einem Menschen, der mehr musisch als technisch gestimmt ist. Gott selber wird der »summus artifex« genannt, der Höchste aller Baumeister. Bilder vom Bau häufen sich bei Hildegard: die Arche Noah, der Turmbau zu Babel, das Himmlische Jerusalem. Nicht von ungefähr gehört zu ihren Herzworten und Schlüsselbildern der Begriff »aedificare« = bauen. Die Kirche wird gepriesen als Bauwerk des Heiles *(aedificatio salutis)*; die verklärte Schöpfung erscheint als Goldene Stadt *(civitas aurea)*. Und so ist es wohl auch kein Zufall, daß Matthias Grünewald in seinem Isenheimer Altarzyklus Hildegards Kloster an zentraler Stelle angesiedelt hat, gleichsam schwebend zwischen Himmel und Erde.

20./21. **Mitteltafel des Isenheimer Altars im ersten geöffneten Zustand, Detail**
Matthias Grünewald (1512–1516)
Colmar, Musée d'Unterlinden.

22. **Gottvater vermißt die Welt**
Bible moralisée, Mitte 13. Jh.
Cod. 2554, fol. 1r
Wien, Österreichische National-
bibliothek.

Gott selber steht vor uns da als der große Werkmeister, ein tiefschürfender Künstler, ein tüchtiger Bauherr, ein behutsamer Gärtner, ein großartiger Schmied. Nach alter biblischer Vorstellung schon galt Gott als der Weber und Sticker, der Töpfer und Geometer, der Architekt und Künstler. »Gott verhält sich wie ein kunstfertiger Handwerker *(operarius)*, der sein glühendes Werkstück unter dem Blasebalg erprobt, der es so lange wendet und wendet, bis es ganz und gar vollkommen geworden« (LVM IV, 68). Auf die gleiche Weise »pflegt auch der Mensch auf seinem Wege zum Heil Tag für Tag Rat mit der Weisheit; wie er wohl im Sehen und Hören, beim Riechen wie beim Schmecken und Tasten alles Unnötige von sich entferne, dem Künstler ähnlich, der sein Werk so lange feilt und formt, bis es endlich die rechte Schönheit hat« (Pi 44).

Hildegard vergleicht an anderer Stelle Gottes Weltenbau mit einer Gartenanlage: Ein Hausherr, der zugleich ein großer Philosoph *(magnus philosophus)* und ein gründlicher Handwerker *(profundus artifex)* sein will, sucht sich zunächst einen geeigneten Ort aus, legt dann die Pflanzensorten an und beachtet Frucht und Nutzen der Baumarten und Gemüsepflanzen. Alsdann legt er einen Schutzwall um seinen Garten, bestellt einen Gärtner, der die Anlagen zu bewässern versteht, der die Früchte einzusammeln hat und der auch weiß, wie man sie zu den verschiedenen Heilmitteln *(pigmenta)* verarbeitet« (Sc I, 2).

Als ein gewaltiger Künstler hat Gott auch Hand angelegt an sein eigentliches Werk, den Menschen, und er bleibt mit ihm und in ihm immerfort am Werke. Es ist der »Deus faber«, der den »homo faber« zu seinem Gesellen macht und ihm die Richtlinien gibt. Und wie Gott in seiner wirksamen Kraft *(virtus fortitudinis)* der »Höchste aller Künstler *(summus artifex)*« genannt wird, so erscheint nun auch die Seele als Werkstatt des Schöpfers *(fabrica summi fabricatoris)*. »Jede gute Tat in ihr gleicht dem schönsten Bauwerk« (LDO IV, 17). Aus lebendigen Steinen fügt sich das Bauwerk *(aedificium et templum)* bis zu seiner Vollendung (Sc II, 3).

Der Mensch, so auch Hildegards Zeitgenosse Bernardus Silvestris, ist gleichsam die »Werkstatt der Natur«; sein Wesen ist »Bildung«. Und auch für Bernhard von Clairvaux ist das Universum zur »großen Zither« geworden, die immer wieder von neuem gestimmt sein will, mit Wissen und Weisheit. Und so ruht in allen Werken der Kunst die Weisheit gleichsam als »duftende Ordnung«.

Die Mutter Äbtissin

Man erhält den Eindruck, daß uns Hildegard ein Selbstporträt hinterlassen hat, wenn sie uns, nach dem Buch der Sprüche (31, 10), das Bild einer klugen Frau – Symbol der Weisheit – vor Augen führt. Wer auch von uns Menschenkindern, der wirklich auf die Schwierigkeiten dieses Lebens achtet, wird wohl je eine solche Frau finden, die alles Weichliche ablegt, um nun in ihrer Tüchtigkeit stark dazustehen! »Keine Langeweile wird sie je befallen, und kein Weg ist ihr zu weit, bis sie gefunden hat, was sie sucht. Ist sie selber doch eine Speise, an der keiner sich je ersättigen könnte.« Die himmlischen wie die irdischen Belange *(spiritualia et saecularia)* weiß eine »kluge Frau« wohl zu unterscheiden, und so handelt sie in allem weise und klug *(sapienter agit omnia quae facit)*. Mit umsichtiger Sorgfalt führt sie alle Maßnahmen durch und gewährt den ihr Anvertrauten Schutz, damit sie nicht nackt vor Gott auftreten müßten. Und so ist sie immerfort tätig und treu, in dieser Treue einem Schiff gleichend, das alle Güter und Lebensmittel an die Menschen heranträgt. Und alle, die geheilt und heil sein sollen, werden auf diese Weise erquickt und zu jener

Fülle der Sättigung gelangen, wo wir nicht länger dürsten werden« (LVM IV, 36–38).

Mit solcher Weisheit gesegnet, hat Hildegard über Jahrzehnte hinweg die nicht immer leicht zu lösenden Aufgaben der Verwaltung eines Klosterwesens und der Betreuung der ihr Anvertrauten wahrgenommen. Und so kann sie denn auch einer gequälten Mitschwester getrost versichern: »Wer den Acker seines Leibes mit aller Diskretion umpflügt, dem wird das plötzliche Hereinbrechen des Endes nicht schaden, weil die Musik des Heiligen Geistes und ein Leben in Freude *(vita laeta)* ihn aufnehmen werden« (PL 214 C). Über den vorwaltenden Geist dieses exemplarischen Klosterlebens weiß uns Wibert von Gembloux zu berichten, wenn er schreibt: »Ein wunderbarer Wettstreit der Tugenden *(ordo virtutum)* wird hier sichtbar. Die Mutter empfängt die Töchter wie auch die Töchter die Mutter mit solcher Ehrfurcht, daß man kaum unterscheiden kann, wo in diesem Eifer die Mutter die Töchter oder die Töchter die Mutter übertreffen.«

Eine dieser Töchter war Hildegard besonders ans Herz gewachsen: »meine Tochter«, wie sie von der Äbtissin genannt wird. »Sie war von solcher Art,« – schreibt Mutter Hildegard – »daß meine Seele überquoll von Liebe zu ihr.« Wie eine Blume sei sie erschienen, »voller Schönheit, Zier und Wohlklang«. In allem war sie ihr »durch liebevolle Freundschaft« verbunden, und sie kann bekennen: »Ich liebte den Adel deiner Sitten, deine Klugheit, deine Reinheit, deine Seele, dein ganzes Leben – so daß viele mir sagten: Was tust du da?« Sie durfte es tun; denn das »Lebendige Licht« hatte sie gelehrt, sie einfach zu lieben!

Nach der gewaltsamen Trennung von dieser Freundin, der hochadeligen und reichgebildeten Richardis von Stade, klagt Hildegard, schreit es geradezu heraus: »Schmerz steigt in mir auf. Und der Schmerz tötet das große Vertrauen und tötet alle Tröstung, die ich an einem Menschen besaß« (Bw 98). Wo ist ein Schmerz gleich meinem Schmerze! Sofort aber, im brennenden Leid schon, beginnt nun die Trauerarbeit, das »donum lacrimarum«, so daß Hildegard schließlich schreiben kann: »Ich habe ihn aus meinem Herzen verbannt«, diesen großen, diesen schneidenden, diesen tödlichen Schmerz (Bw 100).

Weit über das Rupertsberger Kloster hinaus war die Kunde von Hildegards mütterlicher Haltung gedrungen, und einem jeden vermochte sie in mütterlicher Liebe Rede und Antwort zu geben. Und wenn Hillin, Erzbischof von Trier, seine »geliebte Schwester«, die »kluge Mutter« Hildegard einmal gebeten hatte: »Ich beschöre dein mütterliches Herz um der heiligen Liebe willen: Laß aus den Weinkellern des Königs, dessen Freudenfülle dich schon in diesem Leben wunderbar berauscht, auch mir Sünder einige Tropfen austräufeln!« (Bw 49), dann gab die Frau Hildegardis ihm sehr souverän zur Antwort: »Ja, ja, gewiß hat der Mann mehr Schaffenskraft als die Frau. Die Frau aber ist eine Quelle der Weisheit und ein Brunnen der Freudenfülle. Beides bringt dann wohl der Mann zur Vollendung.« Daraus nun der resolute Schluß: »Wehe, wehe, die gegenwärtige Zeit ist weder kalt noch warm; sie ist nur lau.« Noch schlimmer aber dürfte es werden, wenn durch die »Unbändigkeit der Männer« die vier Winde nun Irrtümer über Irrtümer heranwehen würden! (Bw 50).

Aber auch in solchen zu erwartenden Bedrängnissen wolle sie nicht kapitulieren; sie werde schon ihren Mann stehen und Rede und Antwort wissen: »Ich werde dieser irdischen Gebrechlichkeit *(fragili terrae)* nicht weichen, sondern will mannhaft wider meine schwache Natur streiten. Und wenn in mir die Werke der Ungerechtigkeit aufstehen wollen, so werde ich Mark und Blut und Fleisch durch die Weisheit der Geduld *(sapientia patientiae)* niederhalten. In allen Stücken will ich kämpfen, so mutig, wie ein Löwe sein Leben verteidigt« (Sc I, 4).

23. **Hildegardis**
Malerei aus einer Urkunde vom
13. Juli 1342.

Freude und Hoffnung sind die beiden Grundstimmungen, die das ganze Weltbild durchstrahlen und alle Stationen dieses so ungewöhnlichen Lebens begleiten. Die Hoffnung, von der des Menschen Wesen gleichsam durchtönt ist, geht dabei geradewegs auf die Freude zu: auf die Freude als leuchtende Urstimmung der Natur und Grundtönung des seligen Menschen. Was diese so sensible Frau immer wieder von neuem begeistert, das ist der unermeßliche Reichtum der Natur, die Fülle und Fruchtbarkeit allen Seins, all dieses Schöne, das uns als Leben angeboten wird, uns darin zu freuen. In Lebensfrische und Schönheit *(pulchritudo viriditatis)* hat alle Welt ihren Bestand (LDO IV, 12).

Durch alle Gestalten der Schöpfung klingt diese Stimmung göttlicher Harmonie, am herrlichsten aber im Leibe mit seiner göttlichen Einwohnung. Und deshalb ist es schön, das Leben, weit und tief, voller Freude, ganz herrlich, ein lichtes und süßes Geheimnis. Es sind Bilder einer Welt, die gezeichnet ist vom Licht, von Liebe, von der Freude!

Weisheit und Schönheit, das Licht und die Liebe sind Quellen ihrer Sprachgestalt und Sprachgewalt. Musische Begabung erscheint innig gepaart mit scharfem Intellekt und lebhafter Phantasie. Man muß sie einfach zu Wort kommen lassen, die Seherin Hildegard, die Schönheit ihrer Bilderwelt aufleuchten, die Weisheit des Lebens offenbar werden lassen, um die Freude zu leben zu spüren in allem: ein Leben in Freude!

Loblied auf die Freude

Das Leben der heiligen Hildegard – von Schmerzen geplagt, von Leiden getroffen, mit schweren Prüfungen belastet, nicht frei von bitteren Enttäuschungen –, es ist im Grunde doch nur ein einziges, ein einzigartiges Loblied auf die Freude.

Freude herrschte schon im Ursprung der Welt. »Denn alle Pracht und alle Freude und jegliche Stimme der Freudenfülle des Lebens, sie kommt allein aus Gott« (LVM VI, 65). Gott ist die Freude in Fülle. Aber Gott wollte seine Schönheit und Herrlichkeit nicht für sich allein haben: »Er wollte Seinen Glanz weiterschenken an Seine Geschöpfe, auf daß diese sich mit Ihm freuten« (LVM I, 136).

Und so kann auch der Mensch vollkommene Freude nie aus sich selber haben; er muß sie als Geschenk von einem anderen annehmen: »Erkennt der Mensch aber die Freude, die ihm von einem anderen entgegenkommt, dann empfindet er in seinem Herzen ein großes Entzücken *(exsultatio magna)*. Denn dann erinnert sich die Seele, wie sie von Gott geschaffen ist« (LDO VI, 51). »Dann jauchzt im Herzen des Menschen die wahre Freude auf, wenn eins das andre glücklich weiß im gegenseitigen Erkennen und Verschenken.«

Auf die gleiche Weise tat dies auch der Menschensohn, ganz so, »wie wohl der Bräutigam in seiner großen Freude seine Braut aufnimmt in das Liebesnest seines Herzens« (LVM IV, 32). »O wie überwältigend ist die Freude, daß Gott geruht hat, Mensch zu werden!« Er, der als Gott in den Engeln west, ist menschlich nun im Menschen (LDO V, 43).

Im Herzen der Gottheit leuchten nun all ihre Werke ohne das Alter der Zeiten. »Gott Vater hatte in sich ein solches Entzücken, daß Er die ganze Schöpfung hervorrief durch Sein Wort. Und Freude hatte Er an dieser Seiner Schöpfung. O großes Entzücken an diesem Werk!« Die Mitte der Welt ist das Herz! Und so kann auch bei Hildegard die Gestalt der »Mitte« gegen die »Liebe zur Welt« sprechen: »Ich bin eine Säule himmlischer Harmonie, und alle Freude des Lebens, sie liegt mir im Sinn. Das wahre Leben, ich verschmähe es nicht« (LVM I, 11).

Auch Hildegard selber hat es nicht verschmäht, das Leben in Freude, die so reine Freude, zu leben! Wie vieles auch bietet jeder Tag unserem Sehen und Hören dar, »was Grund der Freude ist und des Frohlockens!« Immer wieder erleben wir, wie die Seherin – »von Geburt an leidend an schmerzhaften Krankheiten« – dann doch wieder erfährt, daß ihr Leben umschlägt in Freude, in die Freude zu leben *(vita laeta)*. Mit der Tugend der »Genügsamkeit« weiß sie zu bekennen: »Ich sitze gleichsam hoch über den Sternen, weil mir alle Gottesgaben genügen. Ich freue mich an der süßen Musik der Pauken, da ich auf Gott mein Vertrauen gesetzt. Ich küsse die Sonne, wenn ich Ihn frohlockend besitze. Den Mond umarme ich, wenn ich Ihn in Liebe herze. Reicht mir doch alles das, was sie auf Erden wachsen lassen. Und so wohne ich im Palaste des Königs. Und es fehlt mir an nichts, was nur mein Herze begehrt« (LVM V, 13).

Sinn allen Erlebens ist für Hildegard die Freude, jenes Gottesgeschenk des schönen Lebens, des süßen Lebens, das immer wieder von neuem zu preisen ist. Traurigkeit hingegen unterbindet die »Schwungkraft der Seele« (Sc I, 4). Vom Monat November heißt es, daß er »fern von den Freuden des Sommers seine tristen Tage kalt dahingehen läßt« (LDO IV, 98). »Und so freut sich ja auch ein Mensch erst so richtig, wenn er den Glanz der Sonne, den er zuvor nicht sah, nun mit eigenen Augen erblickt« (LVM VI, 44).

Aufblicken sollen wir zu Sonne, Mond und Sternen und dabei bedenken, »welches Glück doch Gott mit all den Dingen uns Menschen schenkt« (LVM V, 16). Und so besitzen wir hier auf Erden schon die himmlische Heimat, wenn wir all das Blühen der Lilien und der Rosen und die ganze Grünheit der Welt zärtlich ans Herz nehmen«. Und selbst in der Traurigkeit noch steckt Freude, »und in aller Freude ruhet ein Glück« (LVM V, 17). »O seliges Glück!«, singt die Seherin in ihrer »Liebe zum Himmlischen«: »O süßes Leben, o du liebliche Umarmung *(dulcis amplexio)* des ewigen Lebens! Immerdar weilest du in wahrer Wonne. Nimmermehr kann ich mich zur Genüge ersättigen an dieser innigen Freude!« (Sc III, 3).

»Auf diese Weise werden die Seelen der Gerechten zur Freude erhoben, und sie schreiten im Leben zum Leben fort« (LVM II, 43). Gleich der Sonne, die am Mittag hochkommmt, leuchtet das gute Wirken der Seele auf. Und »jedesmal, wenn unser Leib gerechte und gute Werke tut, dann freut sich die Seele über das ewige Leben« (LDO IV, 30), voller Sehnsucht nach der Freude des Lebens, nach den »Freuden unseres Heiles«.

Was in allen Drangsalen dieses so mühseligen Lebens überwiegt, ist »die Atmosphäre des Lichtes und der Freude«. Freude ist es, die in der Herrschaft des Geistes aus allem Sinnlichen fließt und das vom Leide geprägte Leben zu einer wohlgestimmten »Zither des Geistes« macht. Voller Begeisterung kann Hildegard das »volle Leben« preisen, »das in seiner Jugendschöne nimmermehr welkt und das sich selbst in der Reife des Alters nicht erschöpft« (LVM I, 11).

Von der »Herrlichkeit der himmlischen Freuden« schließlich weiß die Seherin am Ausklang ihrer großen Visionen ein begeistertes Lied zu singen. Denn am Ende der Zeiten werden die Gerechten »in die Höhe und in die Breite einer leuchtenden Glückseligkeit mit Freude und Fröhlichkeit erhoben, ohne jede Last eines gebrechlichen Leibes« (LVM III, 40). Nach der Auferstehung nämlich »werden die Gerechten noch höhere Freuden empfangen, als sie jetzt schon haben. Denn jetzt können sie sich lediglich ihrer seelischen Existenz erfreuen. Dann aber werden sie mit Leib und Seele jene Freuden genießen, die so unsäglich sind, daß kein sterbliches Geschöpf dies auszudrücken vermag« (LVM VI, 58).

»Und Gott wird ihnen die Freude in Fülle schenken« (LVM VI, 7), jene »Fülle aller Freuden«, wie sie schon die Engel besaßen, eine Freudenfülle, welche menschliche Zungen nicht zu beschreiben vermögen (LVM VI, 25). In der »großartigen Atmosphäre einer in sich geschlossenen Fröhlichkeit« (LVM VI, 29) wird sie dann ausklingen: »die Freude aller Freuden«!

O Geisthauch voll Heil und Heiligkeit!
O Feuerbrand der Liebe!
O Lust des Herzen und Herzenserguß im süßen Dufte der Tugend!
O Quell der Lauterkeit, in dem sich spiegelt,
wie Gott das Fremde sammelt
und heimholt, was noch verloren!
O heilsamer Weg, der kraftvoll sich Bahn bricht!
Alles durchdringst Du: die Höhen, die Tiefen, den Abgrund –
Du fügest und bindest alles in eins.
Durch Dich wogen die Wolken, wehen auf die Lüfte,
die Steine träufeln vom Saft, Quellen sprudeln ihre Bäche hervor,
durch Dich quillt aus Erden das erfrischende Grün.
Du führest auch unseren Geist in die Weite der Welt, in die Dichte des Lebens,
wehest Weisheit in uns –
und mit der Weisheit die Freude, zu leben!
(S 137)

24. **Hildegard mit ihren Helfern**
Wie durch ein kleines Fenster ergießt sich der Feuerstrom göttlicher Inspiration auf das aufschauende Haupt der Seherin, die bereit ist, ihre Visionen aufzuzeichnen. Hinter ihr steht demütig und hilfsbereit ihre geliebte Schwester Richardis. Von ihrer Zelle getrennt, ist der Mönch Volmar dabei, das auf die Wachstafel Notierte nun auf Pergament ins Reine zu schreiben.
Liber Divinorum Operum, um 1240
Ms. 1942,
Lucca, Biblioteca Statale.

Quellen der Bildung und Bildungsjahre

Wie Cassiodorus in Italien, in Deutschland Hrabanus Maurus, im spanischen Raum Isidor von Sevilla, so lebte und wirkte auch Hildegard von Bingen aus dem Geiste der »Regula Benedicti«. Geprägt von monastischer Spiritualität, zeigt sie sich durchaus vertraut mit der »lectio divina«, dem täglichen Lesen in den Heiligen Schriften, die denn auch einzig und allein in ihrem Werke zitiert werden. Hildegards Sprache orientiert sich prinzipiell am Sprachgebrauch der Bibel wie auch der mittelalterlichen Bibelexegese. Wir finden darüber hinaus zahlreiche Anlehnungen an die Kirchenväter wie auch Zeugnisse zeitgenössischer Philosophen und Theologen, ohne daß im einzelnen zu klären wäre, was Hildegard aus der reichen Tradition des mittelalterlichen Bildungsgutes entnommen hat, was ihr aus indirekten Quellen zugeflossen sein mag und was sie eigenständig erfahren, intuitiv erfaßt und in ihrem visionären Duktus weitergegeben hat.

Aus der Analyse ihres Wortschatzes läßt sich immerhin schließen, daß Hildegard mit dem Gedankengut der Väter wie auch zahlreicher Zeitgenossen durchaus vertraut war. Da erscheinen sie denn auch alle, die hohen Geister in einem wahrhaften Geistes-Gespräch: Ambrosius und Augustinus und Lactantius, Hrabanus und Isidor und Cassiodorus, Beda Venerabilis und Scotus Eriugena, Honorius von Regensburg und Hugo von St. Victor, Wilhelm von St. Thierry und Rupert von Deutz, oder auch die eher trockenen Dekrete eines Ivo von Chartres oder Gratian, ganz selbstverständlich Gregor der Große und immer wieder der Vater Benedictus.

Hildegard hat die Texte der »Regula Benedicti« nicht nur gekannt, sie hat sie auch lebenslang eingeübt. Sie meditierte im Stundengebet täglich die Liturgie und las immer wieder die Heilige Schrift. Sie kannte ihre Kirchenväter und stand im Briefverkehr mit hervorragenden Gelehrten ihrer Zeit. Sie hatte zudem das Glück, daß ihr ständig hochgebildete Mitarbeiter zur Seite standen: der Mönch Volmar über Jahrzehnte, die Nonne Richardis von Stade oder auch, vor allem in den letzten Lebensjahren, der gelehrte Mönch Wibert von Gembloux, einem Kloster in Flandern.

Ihre enormen naturkundlichen Kenntnisse aber dürfte sie nicht zuletzt dem Bischof Siward von Uppsala zu verdanken haben, der längere Zeit – um das Jahr 1135 – auf dem Disibodenberg weilte, dort auch drei Altäre geweiht hat und der nach seinem Tode (1156) eine beachtliche Bibliothek hinterließ: ein Kräuterbuch *(Herbarium)*, ein Steinbuch *(Lapidarium)*, mehrere medizinische Handschriften wie auch die »Etymologiae« des Isidor, die repräsentative Realenzyklopädie des gesamten Mittelalters.

Selbstverständlich bedient sich auch Hildegard des konventionellen literarischen Rüstzeugs ihrer Zeitgenossen, schreibt also in konventioneller Manier und benutzt bereits vorliegende und bewährte Darstellungsschemata. Auf dieser

Folie enthüllt sich dann aber immer wieder auch das höchst Originelle ihres Stils, das Geheimnis der eigenen Aussage, das Hildegards Visionen anhaftet und ihre ebenso instruktive wie bezaubernde Diktion ausmacht. Und so steht denn alles so äußerst lebendig vor uns da, lebt gleichsam auf, spricht uns an und beansprucht uns, wie nur ein großes Kunstwerk uns in Anspruch zu stellen vermag.

Es ist sicherlich kein Zufall, daß beim Mitvollzug dieser Bilderschau alle unsere Sinne beansprucht werden: das Sehen und Hören, Riechen und Schmecken, alles Ertasten und Begreifen der Dinge. Wie im Vogelflug, so bildet sich gleichsam der Strahl unseres Schauens – wie in einer hermeneutischen Spirale: von unten nach oben, von oben nach unten, vom Teil ins Ganze, vom Ganzen wiederum zu den Teilen, bald aus den Wirkungen ersichtlich, bald wieder aus den Ursprüngen. Und so begegnen wir auf dieser sich stetig weitenden, sich ständig steigernden Bilderspirale immer wieder den gleichen Grundphänomenen, aber auf je gehobenerem Niveau, in einem sich ungemein verdichtenden geistigen Spannungsfeld, das Herz und Auge zum Schauen bringt.

Im Schauen der Schönheit Gottes wird die Seherin so ergriffen, »wie eine Saite durch den Spieler ergriffen wird, um ihren Ton nicht aus sich selber, sondern aus dem Griff eines anderen wiederzugeben«. Und so schaut Hildegard in allen Dingen dieser Welt die Schönheit Gottes und überall in der Schöpfung den Schöpfer. »Wie schön sind deine Augen,« – so in »Scivias« – »wenn du Gottes Taten kündest, und wenn in ihnen aufleuchtet die Morgenröte des göttlichen Ratschlusses!« Das ist der »Urklang aus Weltengründen«, der »grüne Lichtquell aus dem Herzen des Vaters«, die »Urgestalt«, geformt vom Finger Gottes und seiner beseligenden grünen Lebensfrische, der »viriditas digiti Dei«!

Diese mystischen Erfahrungen sollten wir im Auge behalten, wenn wir uns nun – wenn auch nur in Umrissen – an die so erschütternde eigene Krankengeschichte wagen, wie sie der Visionärin zuteil wurde. Hildegard war sich durchaus darüber im klaren, daß der Mensch hier auf Erden keinerlei Gewißheit habe, weder über seine Zukunft noch über das, was vergangen. Wir sind verblendet und blind und haben keinerlei Sicherheit *(nullam securitatem)*. All unser Tun ist uns zweideutig und zweifelhaft geworden *(omnia opera incerta)*. Und so schwinden dem Menschen alle Tage nur so dahin und werden in die Vergessenheit geführt. Denn nur das ewige Leben ist beständig und immer neu *(stabilis et nova)*, und es allein bringt immer neue Frucht hervor.

Im Umgang mit dem Elend und allem Leid erfährt auch Hildegard die ganze Kategorientafel des Betroffenseins und der Beeinträchtigungen. Nur zu oft erscheint bei ihr der Mensch als »homo mutabilis«, wandelbar und der Ratlosigkeit anheimgegeben, beladen mit den Lastern der Unrast *(vitia instabilitatis)*, dem Umherschweifen *(evagatio mentis)*, existierend am Kreuzweg der irdischen Sorge *(in quadruvio curarum saecularium)*, belastet mit allem Elend dieser unserer so »schiffbrüchigen Welt«.

Vor diesem existentiell labilen Hintergrund manifestieren sich nun auch Hildegards eigene Erkrankungen. Immer wieder hören wir aus Briefen, in der Vita, aus Selbstberichten, daß sie mit schweren Krankheiten aufs Lager niedergeworfen sei. Die Kränklichkeit und Zartheit ihres Körpers, schreibt Erzbischof Philipp von Köln, habe sein Herz beunruhigt und erschreckt, und auch Hildegard selbst ist diese »zitternde Unruhe« zeitlebens nicht losgeworden. Gott selber habe es so gefügt, daß er ihr »selbst in den Freuden dieses Lebens keine Sicherheit zukommen ließ« (V II, 5).

»Niemals habe ich geruhsam dahingelebt, mich vielmehr in vielfachen Trübsalen abmühen müssen. Von den Schmerzen, die ich durch die trockene Hitze zu erleiden hatte, wurde mein Körper so zusammengeknetet, wie wenn lehmige Erde und Wasser zusammengemengt werden« (V II, 14). »Einmal lag ich« – berichtet sie – »so schwer darnieder, daß meine Adern mit dem Blut, mein Gebein mit dem Mark verdorrten und meine Eingeweide in mir zerrissen wurden, mein ganzer Körper aber so erschlaffte, wie das Gras im Winter sein frisches Grün verliert« (V III, 23). Die todkranke Frau will wahrgenommen haben, wie die bösen Geister darüber lachten und höhnisch aufschrien: »Pah! die da, die wird nun sterben, und ihre Freunde werden nur noch zu weinen haben.« Der Seherin wurde hier aber auch bedeutet, daß der Hinweggang ihrer Seele noch nicht bevorstand und sie weiter zu leiden hatte.

»Ich bin durch Krankheiten stark gehemmt und oft derart in schwere Schmerzen verstrickt, daß sie mich umzubringen drohen« (Bw 227). »Meine Seele ward derart erschüttert, daß ich fast vorzeitig gestorben wäre« (Bw 114). »Ich wurde von einer Krankheit bedrängt und war so erschöpft, daß ich kaum auf den Beinen stehen konnte, ich armselige Frau« (Bw 173). Auch in dem berühmten Schreiben an Bernhard von Clairvaux hat sie sich bekannt als »erbärmlich und mehr als erbärmlich in meinem Sein als Frau«. Von Kindheit an habe sie niemals in Sicherheit gelebt, »niemals, nicht eine Stunde« (Bw 25).

Neben einer solchen allgemeinen pathographischen Szenerie kennen wir aber auch sehr detaillierte kritische Situationen, die vielfach psychologisch, auch tiefenpsychologisch gedeutet und mehr noch mißdeutet wurden. So berichtet Hildegard: »Eine Zeit lang waren meine Augen umdunkelt; ich vermochte kein Licht mehr zu sehen. Ich fühlte meinen Körper von einer derartigen Last niedergedrückt, daß ich mich nicht erheben konnte; ich lag mit heftigen Schmerzen darnieder. Dies aber mußte ich deshalb leiden, weil ich die Schau, die mir gezeigt worden war, nicht offenbaren wollte« (V II, 5).

Drei Jahre lang litt Hildegard an einer solchen schweren Erkrankung. »Bei alledem wurde das Gefäß meines Leibes wie in einem Ofen gekocht« (V II, 26). Hilfe kam ihr von Menschen, die ihr Leid teilten. Gott sagte sie Dank dafür, daß die Leute ihrer nicht überdrüssig wurden. »Wären aber die quälenden Schmerzen, die ich an meinem Leibe erlitt, nicht von Gott gekommen, ich hätte nicht länger zu leben vermocht« (V II, 10). Jedesmal, wenn sie »aus Furcht vor den Menschen die von Gott gewiesenen Wege nicht beachtete, nahmen die körperlichen Schmerzen zu«, und sie ließen erst dann nach, wenn sie gehorcht hatte. Auch das ist typisch für ihre Leidensgeschichte: »Als ich nun zu schreiben begann, kam ich wieder zu Kräften und stand von meiner Krankheit auf.«

An dieser Stelle äußert sich abermals ihr kreativer Umgang mit Kranksein und Leiden, mit aller Zuversicht auf Genesung: »Und wie eine Gebärende nach der Geburt, so kann ich nun wieder reden nach meinem Schmerz« (PL 128 B: et sicut pariens post laborem, ita loquebar post dolorem). »Und wie ich früher vor Schmerz geweint habe, so weinte ich nun vor Freude, weil Gott mich nicht vergessen hatte« (V II, 5).

Ihre pathische Grundverfassung versucht Hildegard noch einmal zusammenzufassen, wenn sie bekennt: »Ich armes Gebilde, dem es an Gesundheit und Kraft, an Stärke und an Bildung mangelt, ich bin ein Schatten nur von Lebenskraft«, wahrhaft ein leidender Mensch *(homo patiens)*, dem aber Christus Medicus begegnet, jener große Arzt *(magnus medicus)*, »der die Wachenden erregt, die Schlafenden rüttelt und diejenigen, die im Bösen verharren, fallen läßt ins Nichts« (PL 350 B).

»Auf diese Weise gab die Jungfrau Gottes Kunde von den Werken der göttlichen Barmherzigkeit, die ihretwegen durch sie vollbracht wurden, und zwar, ohne sich dabei selber etwas zuzuschreiben –: sanft, wie sie war, zart, ehrerbietig und demütig *(leniter, suaviter, verecunda et humiliter)*. Denn sie hielt es für echte Tugend, auf das Rühmen ihrer eigenen Kräfte zu verzichten« (V III, 2). So der Chronist, und auch ihr junger Mitarbeiter Wibert hat es immer wieder mit Bewunderung erfahren: »Trotz der Last des Alters, trotz all ihres Krankseins leistet sie Enormes, so daß sie mit dem Apostel sagen könnte: Mit Freuden rühme ich mich meiner Schwachheiten.«

Wie eine Epikrise der Erkrankungen mutet das an, was der Chronist zu berichten weiß: »Da ihr ganzer Körper zeitlebens Schwankungen unterworfen war, glich ihr Leben eher dem Bild eines kostbaren Sterbens. Was aber den Kräften des äußeren Menschen abging, das wuchs dem inneren Menschen zu durch den Geist der Weisheit und der Stärke. Während ihr Leib zerfiel, entbrannte wunderbar feurig in ihr die Kraft des Geistes« (V I, 2).

Aus der pathischen Grundstruktur ihrer Existenz erst verstehen wir die so erstaunlichen Eigenarten ihres visionären Habitus. »Denn sie selbst« (so schließt ihr großes Weltgedicht) »lebt ohne alle Sicherheit, und sie besitzt auch nicht die Wissenschaft, wie man sie aus jenen Schriften erbaut, die der Heilige Geist zur Unterweisung der Kirche vorlegte und die sich wie eine Mauer um eine große Stadt legen. Denn vom Tage ihrer Geburt an lebt diese Frau unter schmerzhaften Krankheiten wie in einem Netz verstrickt, so daß sie in ihren Adern, ihrem Mark und ihrem Fleisch ständig von Schmerzen geplagt wird. Dennoch hat es dem Herrn bis jetzt nicht gefallen, sie aufzulösen. Denn sie sollte durch die Höhlung ihrer vernunftbegabten Seele bestimmte Geheimnisse Gottes auf geistige Weise schauen.

Diese Schau *(visio)* drang so durch die Adern dieser Frau, daß sie davon oft unter großer Erschöpfung niedergeschlagen ward, indem sie bald leichter, bald wieder schwerer an der Erschöpfung einer Krankheit litt. Deshalb weicht auch ihr Lebenswandel von den Gewohnheiten anderer Menschen ab; steht sie doch unter der Inspiration des Heiligen Geistes in einer dienenden Existenz. Sie besitzt ihre körperliche Komplexion aus der Luft, weshalb ihr auch aus dieser luftartigen Sphäre, vom Regen, vom Wind, von jedem Wetterumschlag die Krankheit gleichsam eingeprägt wird, und zwar derart, daß sie auf keine andere Weise eine körperliche Sicherheit in sich zu besitzen vermag. Anders könnte ja auch die Inspiration des Heiligen Geiste in ihr nicht wohnen.

Bisweilen jedoch weckt sie der Geist Gottes aus dieser Krankheit vom Tode mit der großen Macht Seiner Güte wie mit dem Tau einer Erquickung auf, damit sie im Dienste der Eingebung des Heiligen Geistes weiter in der Zeit leben kann. Gott der Allmächtige aber, der jede Erschöpfung des Leidens dieser Frau wirklich erkannt hat, möge sich würdigen, Seine Gnade in ihr so zu vollenden, daß Seine Güte darob verherrlicht werde und daß ihre Seele, wenn sie aus dieser Welt in die ewige Glorie pilgert, sich freuen kann, liebevoll von Ihm aufgenommen und gekrönt zu werden. Das Buch des Lebens aber, das eine ›Schrift des Wortes Gottes‹ ist, durch das alle Welt zum Dasein kam und das alles Leben nach dem Willen des ewigen Vaters und Seiner Vorsehung aus sich heraushauchte, hat diese Schrift durch keine Lehre menschlicher Erkenntnis wunderbar herausgegeben, sondern durch eine einfältige und ungebildete Frau.

So hat es Ihm gefallen« (LDO X, 38).

Vom Wesen der Schau

»Schreibe auf, was du siehst, und sage, was du hörst!« So lautet die geheimnisvolle Stimme, die Hildegard in den entscheidenden Phasen ihres Lebens vernommen hat. Nur das soll die Seherin aufschreiben, was sie geschaut und gehört hat: Worte wie blitzende Flammen, Bilder wie Wolken im Äther.

Ihre erste gewaltige Schau erlebt Hildegard in ihrem 43. Lebensjahr: »Zitternd und mit großer Furcht spannte sich mein Geist diesem Gesicht entgegen.« Mit wachen Sinnen gewärtigt die Seherin diese ihre Schau. Von Gott ergriffen, gerät sie in Bewegung, beginnt zu tönen wie eine »Tuba«, eine Posaune, durch die ein anderer bläst. Dies geschah – so berichtet der Chronist (V II, 2) – ganz so, wie es im Hohenliede (5, 4) heißt: »Mein Geliebter streckte seine Hand durch die Öffnung, und mein Leib erzitterte bei seiner Berührung.«

Feuriges Licht kommt wie Blitzesleuchten vom offenen Himmel hernieder. »Es durchströmte mein Gehirn und durchglühte mir Herz und Brust gleich einer Flamme.« Und so erschließt sich ihr plötzlich der Sinn der Schrift. Alles erlebt Hildegard wachend, besonnen und mit klarem Verstand, »mit den Augen und Ohren des inneren Menschen«. Die Seherin weigert sich zunächst, wird aufs Krankenlager geworfen, bis sie endlich – »bezwungen durch viele Leiden« – Hand ans Schreiben legt. So kommt sie wieder zu Kräften, kann aber nur mit großer Mühe dieses Werk vollenden. Zehn Jahre müht sie sich um das erste große Visionswerk, dem sie den Titel gibt: »Wisse die Wege des Herrn *(Sci vias Domini)*«.

Hildegard ist 60 Jahre alt, steht auf der Höhe ihres Wirkens, als sie abermals die Stimme vom Himmel zu ihr sprechen hört: »Du, der du von deiner Kindheit an durch den Geist des Herrn nicht auf leibliche Weise, sondern geistig in der wahren Schau unterwiesen wurdest, verkünde nun das, was du jetzt siehst und hörst. Denn vom Beginn deiner Schau an wurden dir einige Erscheinungen gleichsam wie flüssige Milch gezeigt; andere wieder wurden dir gleich einer erquickenden leichten Speise angeboten; noch andere wurden dir wie feste und vollkommene Nahrung zugewiesen. So rede auch jetzt wiederum nach Mir und nicht nach dir, und schreibe Mir nach und nicht dir nach« (LVM 1).

Dies geschieht, wie Hildegard eigens erwähnt, »im Jahre 1158 nach der Menschwerdung des Herrn, da der Apostolische Stuhl arg bedrängt war und Kaiser Friedrich das Römische Reich regierte«. Auch diesmal wird ihr Innerstes vor diesem Gesicht erschüttert: »Die Empfindungen meines Körpers erloschen; mein Erkennen wurde umgewandelt in eine völlig andere Weise, als ob ich mich selber nicht mehr kennte! Und wie sanfte Regentropfen träufelte es aus Gottes Imagination in mein Bewußtsein, so wie der Heilige Geist den Evangelisten Johannes betaut hat.«

Noch einmal trifft Hildegard diese Schau, da sie nun schon 67 Jahre geworden. Wieder erbebt sie vor diesen überwältigenden Schauungen, wieder beginnt sie bei der körperlichen Gebrechlichkeit ihrer zarten Konstitution zu erkranken. »Und wieder hörte ich die Stimme, wie sie mich vom Himmel aus belehrte. Und sie sprach: Schreibe also auf, was Ich dir sage!« Und abermals fügt sie sich der Schau, wenn sie bekennt: »Ich armes und gebrechliches Wesen begann also mit zitternder Hand zu schreiben, ungeachtet ich von zahlreichen Krankheiten erschüttert war.« Wieder vertraut sie auf ihre beiden Mitarbeiter, den Mönch Volmar und die Nonne Richardis, und so schreibt sie es nun nieder, »ganz wachen Leibes und bei Sinnen«, die Geheimnisse mit dem inneren Auge des Geistes und mit inneren Ohren wahrnehmend.

Sieben Jahre schreibt Hildegard an dieser letzten großen Schau. Und immer noch ist die Schau begleitet von zitternder Furcht, in der Ungewißheit des eigenen Vermögens, gehemmt durch akute Leiden und seelische Krisen – und dann doch wieder getragen von einer unsäglichen Freude der Begeisterung, die alle Furcht und Trauer nimmt und nichts zurückläßt als das Gefühl reiner Jugendlichkeit und bleibender Freude.

25. **Evangelist Johannes**
Schule von Reims, 1. Viertel 9. Jh.
Ebo-Evangeliar, fol. 134v
Épernay, Bibliothèque Municipale.

Gott wirkt ja, wo Er will, zur Ehre Seines Namens und nicht zur Ehre des irdischen Menschen. Und so bin auch ich ständig von zitternder Furcht erfüllt; denn an mir erkenne ich keine Sicherheit irgendeines Vermögens. Doch strecke ich meine Hände zu Gott empor, auf daß ich von Ihm gehalten werde, gleichsam wie eine Feder, die ohne jedes Gewicht ist, sich von den Kräften des Windes dahinwehen läßt... Ich sehe diese Dinge aber nicht mit den äußeren Augen und höre sie nicht mit den äußeren Ohren; ich sehe sie vielmehr einzig und allein in meinem Inneren, aber mit offenen leiblichen Augen, so daß ich niemals die Bewußtlosigkeit einer Ekstase erleide, sondern völlig wach schaue ich dies bei Tag wie bei Nacht. Das Licht, das ich schaue, ist nicht an den Raum gebunden. Es ist viel, viel leichter als eine Wolke, welche die Sonne in sich trägt. Weder Höhe noch Länge noch Breite vermag ich an diesem Licht zu erkennen. Es wird mir bezeichnet als »der Schatten des lebendigen Lichts«.

Was ich in diesen Visionen erschaue und erfahre, das behalte ich lange im Gedächtnis, so daß ich, wenn ich dieses Licht sehe und höre, mich erinnere und zugleich sehe, höre und weiß, um gewissermaßen in einem Augenblick das, was ich weiß, auch zu verstehen. Was ich aber nicht schaue, das weiß ich nicht; denn ich bin ungelehrt; man hat mich nur unterwiesen, in aller Einfalt die Buchstaben zu lesen... In diesem Licht sehe ich zuweilen ein anderes Licht, das mir bezeichnet wird als »Das lebendige Licht«. Wann und wie ich es schaue, das vermag ich nicht anzugeben. Solange ich es aber sehe, wird alle Traurigkeit und jede Angst von mir genommen, so daß ich mich dann wie ein junges Mädchen fühle und nicht mehr wie eine alte Frau.

(Pi 332/333)

Die deutsche Prophetin

Auf dem Höhepunkt ihres Lebens und Wirkens begegnet uns die Seherin Hildegard als eine durch und durch prophetische Erscheinung. Als »prophetissa teutonica« ist sie bereits von ihren Zeitgenossen gesehen und bewundert worden. »Schickt mir« – so schreibt Johannes von Salisbury, damals noch Sekretär des Erzbischofs Theobald von Canterbury – »die Visionen und Prophezeiungen der seligen und so sehr berühmten Hildegardis, die ihr bei euch habt. Sie ist mir äußerst der Empfehlung wert und verehrungswürdig, zumal unser Herr [Papst Eugen III.] sie mit einer besonderen Herzlichkeit der Liebe und Vertraulichkeit umarmt.«

Bei aller prophetischen Bewußtheit distanziert sich die Seherin selber sehr deutlich von jeder Art von banaler Voraussage. Ihre Sendung sieht sie eben nicht darin, »künftige Geschicke« zu offenbaren und damit menschliche Neugierde zu befriedigen; sie will einzig und allein die ihr in der Schau geschenkte »Tiefe der Heiligen Schriften« vermitteln (Sc I, 3). Dabei bedurfte es sicherlich einer grundlegenden geistigen Auseinandersetzung, ehe aus dem »heimlichen Zittern« der »ganz einfachen Frau« eine derartige Kühnheit der prophetischen Sprache erwuchs.

Zeitlebens umgab sie jene Aura des Schauens, die Hildegard als »Schatten des lebendigen Lichts« bezeichnet, in welchem sich alle Dinge der Welt wie im Wasser spiegeln, abbilden, zum Bild der Wirklichkeit werden. In diesem Spiegel-Bild, unter solchen Schatten aber ereignet sich dann ihre Einzelschau, auf die sie horcht, die aus ihr spricht. In großer Furcht spannt sich die Seherin dieser Schau entgegen, gleichsam eine Gefangene des Lichts, »durchgossen von der Tiefe göttlicher Mysterien« (LDO, Incipit).

Was uns über alle Suche nach den einzelnen Bildungsquellen hinaus immer wieder von neuem imponiert, ist das, was nun vor uns liegt: die so ungemein lebendige Sprachgestalt Hildegards, eine Sprachgewalt, die den erzählerischen Stil ebenso beherrscht wie den dramatischen Duktus, die sich in rein wissenschaftlichen Passagen schier endlos zu ergehen scheint und wo dann doch immer wieder der prophetische Impetus durchbricht.

Zu allen Zeiten und in jedem Kulturkreis hat es solches Schauen als Abbilden der Wirklichkeit gegeben, beim griechischen »mantis« wie beim arabischen »kahin«. Dem hebräischen Wortsinne nach meint »propheta« am ehesten »einen, der sprechen gemacht wird«, als Träger einer Botschaft eben, die größer ist als der Bote selbst. Nicht von ungefähr ist auch Hildegard mit den großen Mahnern und Kündern des Alten Bundes verglichen worden, besonders mit Jeremia, dessen Sensibilität und Schüchternheit so augenfällig dem heimlichen Zittern Hildegards vor ihrem Auftrag gleicht. Und dennoch darf sie im Bewußtsein ihrer Berufung zum Gewissen der Menschen sprechen, weil sie Gedanken Gottes mitzuteilen hat und nicht allein ein profanes Bildungswissen vermittelt.

26. **Berufung des Jeremia**
um 1180
Winchester-Bibel, fol. 148r
Winchester,
Cathedral Library.

27. **Die Vision des Jesaja**
Reichenau, Ende 10. Jh.
Kommentar zum Buch Jesaja,
Ms. Bibl. 76, fol. 10v
Bamberg, Staatsbibliothek.

In diesem Sinne hat die »Magistra Hildegardis« die Eigenart dieser prophetischen Erfahrung am besten bekundet, wenn sie – im Hinblick auf die großen Gestalten des Alten Bundes wie Jesaja oder Ezechiel – folgende Charakteristik gibt: »Eine gewisse Härte kommt über sie gleich der Festigkeit des Marmors *(marmorea soliditas)*. Sie schmeichelt niemandem, steht vielmehr, vom Heiligen Geist durchströmt, ohne Wanken in der ungeteilten Wahrheit *(in integritate veritatis)*. Keine Spaltung ist in ihren Worten; denn sie empfängt das, was sie sagt, von keinem anderen als dem ungeteilten Gott *(totus integer Deus)*. So ist sie unbeugsam wie ein Stein. Sie wird keinem Menschen weichen. Dies alles geschieht in der Lauterkeit der Einfalt; in der Einfalt eines Kindes redet sie nichts, als was sie sieht und was sie weiß« (LVM II, 38).

Nur so hat auch Hildegard ihre eigene Sendung verstanden. Aus der Geschlossenheit dieses Weltbildes erst versteht man die so heftige, für die damalige Zeit sicherlich ungewöhnliche Kritik an ihrer eigenen Zeit, die Hildegard ein »weibisches Zeitalter« *(tempus muliebre)* genannt hat, gegen das die Seherin aber nicht nur polemisiert, sondern sich in ihrer politischen Mission auch aktiv zum Kampf stellt.

Die politische Mission

Einer der Höhepunkte ihrer prophetischen Existenz war sicherlich die Begegnung der Äbtissin Hildegard mit dem Kaiser Friedrich Barbarossa und die sich daran anschließende Korrespondenz. Wir dürfen es als wahrscheinlich ansehen, daß Hildegard um das Jahr 1150 den Kaiser auf der Pfalz bei Ingelheim getroffen hat; über den Gesprächsinhalt dieses höchst ungewöhnlichen Treffens ist uns nichts überliefert. In einem Schreiben an Hildegard bestätigt Kaiser Friedrich jedoch die Begegnung und erklärt, daß sich die ihm vorgetragene Ankündigung bereits ereignet habe. Er gibt Hildegard das kaiserliche Versprechen: »Wir werden nicht aufhören, uns mit aller Anstrengung für die Ehre des Reiches abzumühen.«

Der sich daran anschließende, sehr persönlich gehaltene Briefwechsel zwischen Kaiser und Äbtissin nimmt dann allerdings einen höchst dramatischen Verlauf. Hildegard zeigt sich zunächst bestätigt und ermahnt den Kaiser, »ein wohlgerüsteter Krieger« zu bleiben. Als dieser sich jedoch veranlaßt sieht, einen Papst Paschalis als Gegenpapst einzusetzen, bezieht Hildegard Stellung und warnt zunächst: »Gib acht, daß dich der höchste König nicht zu Boden streckt wegen der Blindheit deiner Augen, die nicht erkennen können, wie du den Stab rechter Regierung in der Hand halten sollst!« Da sich indes die Papstpolitik Barbarossas nicht ändert, richtet die Äbtissin einen diesmal recht zornigen Brief an den Kaiser und klagt dessen »Störrigkeit« an. »Höre dies,« – so schließt sie – »wenn du leben willst! Sonst wird Mein Schwert dich durchbohren!«

Achtzehn Jahre dauerte das Schisma, das die Kirche so unselig zersplittern sollte. Den Kaiserpäpsten gegenüber blieb Hildegard reserviert; sie stellte sich ostentativ auf die Seite Alexanders III. und stand in vertrautem Verhältnis zu drei weiteren Päpsten: zu Eugen III., Anastasius IV. und Hadrian IV. »Höre also:« – schreibt Hildegard an Anastasius über ihre Zeit – »Die Welt ist jetzt voller Ausschweifung *(lascivia)*, später wird sie in Traurigkeit *(tristitia)* sein, endlich aber so sehr geschockt *(in terrore)*, daß die Menschen sich nichts daraus machen, getötet zu werden. Bei alledem herrschen bald Zeiten der Ausgelassenheit *(petulantia)* vor, bald der Zerknirschung *(contritio)*, bald wieder Zeiten, wo es blitzt und donnert vor lauter Bosheit *(iniquitas)*. Denn das Auge stiehlt, die Nase wittert, der Mund tötet.

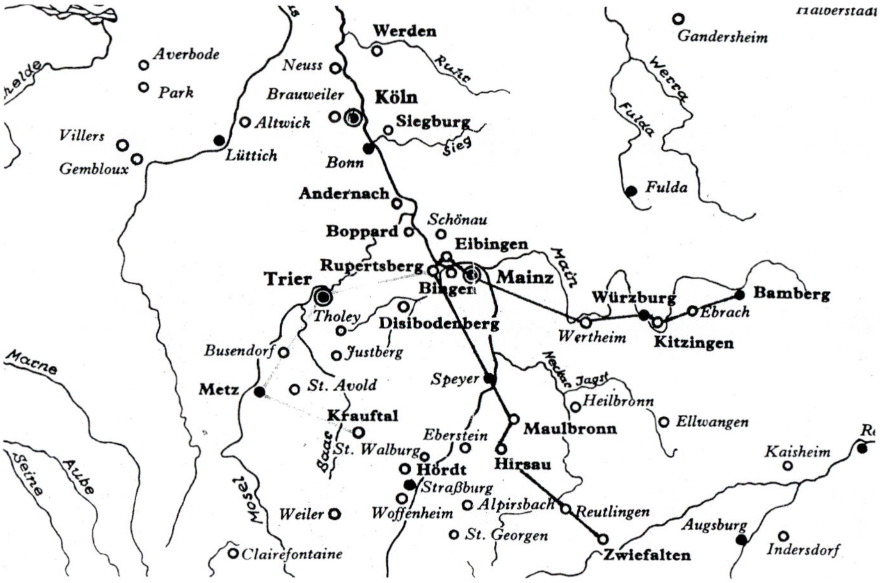

28. **Friedrich Barbarossa mit seinen Söhnen Heinrich und Friedrich**
aus der Historia Welforum,
um 1180;
Cod. D 11,
Fulda, Landesbibliothek.

29. **Reisekarte**
Predigtreisen Hildegards.

30. **Cölln (Köln)**
Merian-Stadtbild (Detail)
Köln, 1646.

Vom Herzen aber gehet Heilung aus, wenn das Morgenrot wie der Glanz seines ersten Aufgangs sichtbar wird« (PL 152 C/D).

In dieser Situation sieht sich die Seherin veranlaßt, öffentlich Stellung zu nehmen und Kunde zu geben. Sie tritt auf in den Konventen der Klöster und auf den Marktplätzen der großen Städte, um gegen die Sekte der »Katharer« (der »Reinen im Geiste«) zu predigen und eine Reform des geistlichen Standes zu fordern. Vier dieser Predigtreisen sind uns überliefert: Eine erste Reise um 1160 führt nach Mainz, Würzburg und Bamberg, eine zweite über Trier nach Lothringen. Wenige Jahre später finden wir Hildegard auf einer Fahrt über Boppard und Andernach nach Köln und an die Ruhr. Um 1170 bricht die greise Äbtissin ein letztes Mal auf zu einer Predigtfahrt nach Maulbronn, Hirsau und Zwiefalten – Reisen auf dem Rücken des Pferdes, mit dem Schiff, in der Kutsche oder auch zu Fuß.

Auf Wunsch der Geistlichkeit – etwa von Köln – sind einige dieser Missionspredigten festgehalten worden. Da heißt es, an den Klerus gewandt: »Ihr seid Nacht, die Finsternis atmet, ein halsstarriges Volk, das vor lauter Wohlstand nicht mehr im Lichte wandelt... Wie die Winde über den Erdkreis dahinstürmen, so solltet ihr eigentlich ein geistiger Sturm sein. Ihr aber laßt euch durch jeden windigen Namen lahmlegen.« Heller Tag sollten sie sein, die geistlichen Führer, seien aber nur Nacht, eine Finsternis, in der sie herumlägen wie Tote. Vom Ruhm der weltlichen Dinge seien sie so mürbe geworden, daß sie es nur noch zu rein diplomatischen Demonstrationen brächten. »Und doch solltet ihr die Eckpfeiler der Kirche *(Ecclesia)* sein und wie die Säulen, die das Weltall tragen. Allein ihr ertragt nichts. Des ekelhaften Geldes und Geizes wegen bildet ihr nicht einmal mehr euer Volk aus, mit der albernen Ausrede: Wir können doch nicht alles tun! Und so zerstreuen sich die Leute und handeln nach eigenem Gutdünken.«

Hildegard schließt ihre Rede an den Klerus zu Köln: »Daher gebt Obacht, ihr Söhne Gottes, und nehmt Vernunft an: Begreift endlich, was der Heilige Geist euch zu sagen hat, damit ihr nicht das Beste verliert! Der Heilige Geist aber spricht zu euch: Blicket auf eure Stadt und die ganze Gegend, und jagt fort von euch die Gottlosen... Ihres Unrechts wegen weint und jammert die Kirche, da ihre Kinder noch von ihrem Unrecht befleckt werden. Daher jagt die Gottlosen hinaus, auf daß eure Gemeinde und eure Stadt nicht zugrundegehen. Ist doch zu Köln seit alters ein könígliches Hochzeitsmahl zubereitet, davon noch jetzt widerleuchten die Straßen dieser Stadt!« (PL 244 A – 253 B).

»Jagt die falschen Prälaten hinaus aus ihrem Hirtenamt! Eurer Würde steht es nicht an, Augen von Blinden zu haben, Schleichwege wie Schlangen zu kriechen! Warum also duldet ihr das?« (Bw 36/37). »Dir fehlt« – so an Bischof Daniel von Prag – »das geschärfte Auge der Urteilskraft, und so setzt es sich nach und nach durch, das Herumschweifen auf den Straßen des Vielerlei.« »Trage Vorsorge für deinen Garten,« – so an Hermann von Konstanz – »schneide das Faule ab. Verfinstere nicht deinen Garten durch träges Schweigen!«

Auf diese Weise – so der zeitgenössische Chronist (V II, 4) – wurden Ströme von guten Werken, den Paradiesesflüssen gleich, nicht nur in die Nachbarschaft, sondern durch das ganze Deutsche Reich geleitet. »Von allen Seiten strömten Scharen von Menschen, Männer wie Frauen, zu Hildegard, denen sie reiche, ihrem Leben angemessene Ermahnungen gab. Die Kranken erhielten von ihr Ratschläge für die körperlichen Gebrechen.« Selbst jüdische Gelehrte kamen, um mit Hildegard zu diskutieren, und sie »widerlegte sie durch ihr eigenes Gesetz«. In allem aber legte sie eine »gesunde Lehre« an den Tag, vom Geiste unterwiesen.

Daß ihr prophetischer Habitus häufig vom Geiste berührt wurde, weiß die »Vita« nicht genug zu rühmen, wenn sie berichtet, wie sehr »ihr Herz die Süßigkeit des göttlichen Geistes verkostet« habe, und weiter: »Und was tat sie? ›Ich stand auf‹, sagte sie, ›um meinem Geliebten zu öffnen‹ [Hld 5, 6]. Sie konnte es sich einfach nicht versagen, aufzustehen und dem Geliebten zu öffnen. Und was hörte sie alsda? ›Laß Deine Quellen nach draußen strömen, und auf den Plätzen verteile dein Wasser!‹ [Spr 5, 16]«.

Interdikt und letzte Lebensjahre

Ein gesegnetes Leben, ein heiligmäßiges Wirken, ein erstaunliches Werk, anerkannt von allen Größen in Reich und Kirche, neidlos bewundert von allen Zeitgenossen. Und doch sollten schwere Schatten und bittere Drangsal über die letzten Lebensjahre fallen, ausgelöst durch das über ihr Kloster verhängte Interdikt. Wie war es dazu gekommen?

Im Jahre 1177 hatte Hildegard einen Edelmann, der im Kirchenbann gestanden hatte, auf dem Friedhof ihres Klosters beisetzen lassen. Als die kirchliche Behörde in Mainz davon erfuhr, verlangte sie die sofortige Entfernung der Leiche vom Gottesacker, andernfalls das Interdikt, und damit eine Suspension der öffentlichen Gottesdienste, über das Kloster verhängt werde. Hildegard weigerte sich, zumal der Edelmann sich versöhnt habe und bußfertig verschieden sei. Sie nahm ihren Stab und verwischte die Umrisse des Grabes. Hildegard tat noch ein Weiteres: Sie setzte spontan ein Protestschreiben an die Mainzer Prälaten auf, in welchem von der elementaren Bedeutung des geistlichen Gesanges die Rede ist; sie gibt gleichsam eine »Theologie der Musik«, wenn sie schreibt:

Gott habe in seiner Weisheit und Güte dem Menschen die Musik so wesensinnig geschenkt, daß sie niemals Selbstzweck sein könne, vielmehr einzig und allein der Ehre Gottes diene *(Musica est instituta ad laudem Dei)*. Schon hier auf Erden trete jene »himmlische Liturgie« in Erscheinung, von der es heißt, daß sie mit einer Stimme *(una voce)* ertöne, ohne Ende *(sine fine)* sei und sich ereigne in einem harmonischen Miteinander *(alterum ad alterum)*, in einem unaufhörlichen Einander-Zusingen.

In dieser Situation sei es reiner Teufelskram, argumentiert die Äbtissin, wenn mit dem Lügengespinst satanischer Bosheit versucht werde, »den Lobpreis Gottes und die Schönheit der geistlichen Lieder *(pulchritudo divinae laudationis)* aus dem Herzen der Menschen zu reißen.« Die Mainzer Prälaten sollten sich daher sehr in acht nehmen, »damit der Satan, der den Menschen der himmlischen Harmonie und den Wonnen des Paradieses *(a caelesti harmonia et a deliciis paradisi)* entriß, sie nicht übers Ohr haue« (PL 221). Das Singen des Gotteslobes *(canticum laudum)* dürfe daher aus Gründen der musikalisch gestimmten Verfaßtheit des Menschen und der Welt unter keinen Umständen untersagt werden.

Mit den Waffen einer solch erstaunlichen Musiktheorie setzte sich das Charisma der Seherin schließlich gegen die Gesetzesparagraphen der Mainzer Behörde durch. Das Interdikt wurde aufgehoben. Als damals der Mönch Wibert von Gembloux – so berichteten die Zeitgenossen – seinen Mitbrüdern dieses Schreiben über die Musik übersetzte, da habe der Abt Rupert von Königstal lange schweigend dagesessen, um dann auszurufen: »So etwas bringen die scharfsinnigen Magister des Frankenreiches nicht zustande. Die machen nur mit trockenem Herzen *(aranti corde)* und aufgeblasenen Backen *(buccis afflatis)* ein großes dialektisches Geschrei und verlieren sich in scholastischen Spitzfindigkeiten. Diese gottselige Frau aber, sie betont nur das

Eine, Notwendige: Sie schöpft aus ihrer inneren Fülle und gießt sie aus« (Pi 384).

Auch über die letzten Lebensjahre weiß der Chronist mit bewegten Worte Kunde zu geben: »Nachdem die heilige Mutter viele mühsame Kämpfe mit Hingabe erfüllt hatte, empfand sie Überdruß am gegenwärtigen Leben und wünschte täglich, aufgelöst und bei Christus zu sein« (VIII, 27). Hildegard starb am 17. September 1179 auf dem Rupertsberg. Der Verfasser der »Vita« berichtet von einer wunderbaren Lichterscheinung, die sich in Kreuzesform über dem Sterbegemach gezeigt habe, und er glaubt, Gott habe mit diesem Zeichen zeigen wollen, mit welcher Lichtfülle er seine Geliebte aufgenommen habe in die ewigen Harmonien.

Eine Theologie der Musik

In der pythagoreisch-platonischen Überlieferung des Abendlandes gilt die Musik als eine prinzipielle Ordnungsmacht für die Erziehung des einzelnen wie für das geregelte Zusammenleben der Gesellschaft, und sie gewann allein damit schon neben ihrer ästhetischen Wirkung eine ausgesprochen therapeutische Dimension. Nach dieser – vor allem durch Boëthius und Isidor von Sevilla aufgenommenen – Tradition geht auch Hildegard von dem Konzept einer Weltenharmonie *(musica mundana)* aus, die alles im Makro- wie auch Mikrokosmos im Einklang sieht. Der ganze Kosmos wird in seiner musikalisch gestimmten Ordnung erfaßt, sogleich aber auch christlich umgedeutet, da alle Welt sich am Ende der Heilsgeschichte vollenden wird in der himmlischen Harmonie.

Nur so kann man verstehen, wenn die Seherin – im vollen Einklang mit der klassischen »musica mundana« – alle Elemente der Welt zu preisen beginnt: »Und das Feuer hat die Flamme und ist Lobgesang Gottes. Und der Wind bewegt die Flamme und ist Gottes Lobgesang. Und die Stimme ist das Wort, und sie ist ein Lob Gottes. Daher ist die ganze Schöpfung ein einziger Lobgesang Gottes« (Pi 352). Welt und Mensch erscheinen hier in einer einzigartigen musikalischen Gestimmtheit. In allen Worten, in allen Liedern der Sängerin spürt man Musik. Harmonischer Urklang begleitet das Wirken der Natur wie das Walten der Zeit. Der ganze Kosmos ist musikalisch strukturiert.

Der unhörbaren Musik in den Bewegungen der Himmelskörper *(musica mundana)* entspricht nun auch die Harmonie der leibseelischen Proportionen *(musica humana)*, und sie beide finden ihren Widerhall in der reichen Symbolik vielfältiger Instrumente *(musica instrumentalis)*. »So hat ein jedes Element seinen eigenen Klang, Urklang aus Gottes Schöpferordnung. Alles Tönen und Klingen aber vereinigt sich zu einem harmonischen Zusammenklang wie aus Harfen und Zithern.« Und so hat auch des Menschen Seele tief in sich diesen schöngeordneten Urklang. Ist sie selber doch »die Melodie dieses so schönen Klanges« (LVM IV, 59). Und so findet die Klangsymbolik allen Seins ihre Einheit, kommt zum Einklang in der großen »Symphonia«, in Hildegards Lobgesängen mit ihren Kehrversen (Antiphonen), Antwortgesängen (Responsorien) und Festliedern (Hymnen).

»Daher jubelt die ganze himmlische Harmonie zu Gott auf und gerät in Entzücken, daß der irdische Mensch, der doch der Erde entstammt, in jene Höhe aufblicken konnte, wo Gott weilt. Alles Lob mit jeder Art Musik erklingt über den Himmel um der Wundertaten willen, die Gott im Menschen wirkt« (LDO V, 40). Schon aus der Jungfrau Schoß erklang der volle Lobgesang des Himmels *(omnis caelestis symphonia)*. Die ganze Schöpfung ertönt nun im Jubelklang *(in symphonia sonet)*. Alle Harfen des Himmels *(caelestia organa)* erklingen; sie klingen auf zu einer himmlischen Harmonie *(ad caelestem harmoniam)*.

Musik erklingt allenthalben im Wesen der Engel wie der Heiligen. Der Engel Schar lebt im Lob *(laudando concinit)*; sie singen und jubeln in ewigem Lobpreisen *(in laudibus sonant)*. Alles funkelt in strahlendem Einklang *(in caelesti harmonia fulget)*; alles erklingt in höchster Harmonie *(in superna symphonia)*. Und so singt und spielt auch in Hildegards Lieblingsheiligen, dem heiligen Rupertus, der Heilige Geist *(symphonizat Spiritus Sanctus)*.

Um diese musikalische Grundstimmung zusammenzufassen und auf den Menschen zu beziehen, darf man – mit einer Formel Hildegards – sagen: »Das Herz des Menschen ist symphonisch gestimmt *(anima symphonialis est)*.« Es wurzelt im Urklang und zielt auf den Einklang. Wir besitzen den Urklang göttlicher Ordnung auch heute noch, empfinden alle Mißstimmungen unserer jetzigen Verfassung und sehnen uns nach einer endgültigen Harmonisierung. Des Himmels Heerschar aber freut sich jetzt schon über jeden Klang der Tugendkräfte. »Daher ziemt uns vereinter Jubelgesang *(decet nos in symphonia sonare)*.«

Vor seiner Übertretung im Stande der Unschuld stand Adams Stimme in nicht geringem Einklang mit den Stimmen der lobsingenden Engel. Ihrer geistigen Natur nach verharren ja die Engel in einer Chorgemeinschaft. Diesen Einklang verlor Adam durch seine Schuld. Gott aber wollte das verlorengegangene Licht zurückschenken, den Urklang der Schöpfung erneuern. Im Hinblick auf die Erneuerung verfaßten die Propheten nicht nur Psalmen und Lieder, um die Andacht der Zuhörer zu entflammen, sondern sie erfanden auch verschiedene Musikinstrumente zu klangvoller Begleitung. All dieses sollte die Zuhörer anregen und in Schwung bringen (admoniti et exercitati), um sie von innen her zu erbauen.

Das Singen des Gotteslobes (canticum laudum) darf daher nicht leichtfertig untersagt werden. Denn wie der Heilige Geist den Leib Jesu in Maria ins Dasein rief, so hat in der Kirche das Gotteslob, als ein Widerhall der himmlischen Harmonien, seine Wurzeln im Heiligen Geist. Darum soll Gott mit schallenden Zimbeln gelobt werden. Beim Hören eines Liedes pflegt der Mensch nicht von ungefähr tief zu atmen und zu seufzen; das erinnert uns immer wieder daran, daß auch sie, die Seele, der himmlischen Harmonie entstammt.

(PL 220 A–221 C:
Schreiben an die Mainzer Prälaten)

31. **Allegorische Darstellungen von mittelalterlicher Musik:**
Musica mundana, Musica humana, Musica instrumentalis
(von oben nach unten)
um 1300;
Florenz, Biblioteca Laurenziana.

32. **Engelschöre**
Liber Scivias, Kopie ehem.
Rupertsberger Kodex, um 1180;
Abtei St. Hildegard, Eibingen.

33. **Ursprung der Schöpfung**
Die Gestalt der »Liebe«, überragt von der väterlichen »Güte«, hält in ihren Armen das Lamm als Sinnbild der »Milde«. Die Liebe hat die Schöpfung ins Dasein gerufen; sie hält ihre schützenden Flügel über das All und zertritt das Böse unter ihren Füßen.
Liber Divinorum Operum, um 1240; Ms. 1942, Lucca, Biblioteca Statale.

III.
Schöpfung im lebendigen Licht

Das heile Leben

In ihrer »Schau von der Welt« erblickt die Seherin Hildegard »im Geheimnisse Gottes« ein wunderschönes Bildnis: das Bild der Liebe. Es hat die Gestalt eines Menschen, der in überaus lichter Schönheit nun vor uns in Erscheinung tritt. Und die Gestalt beginnt zu sprechen:

»Ich, das feurige Leben göttlicher Wesenheit, ich zünde hin über die Schönheit der Felder, ich leuchte auf in den Gewässern und brenne in Sonne, Mond und Sternen. Mit jedem Lufthauch erwecke ich alles zum Leben. Und so lebt die Luft gleichsam im Grünen und Blühen. Die Wasser fließen, wie wenn sie lebten. Die Sonne lodert lebendig im Licht, und der Mond wird vom Feuer der Sonne entzündet und immer wieder von neuem belebt.« Denn Liebe ist Leben; Liebe ist das ganz heile Leben *(integra vita)*: »nicht aus Steinen geschlagen, nicht aus den Zweigen erblüht, nicht wurzelnd in eines Mannes Zeugungskraft«. Hat alles Leben doch seine Wurzel in ihr, der Liebe. »Die Vernunft ist gleichsam ihre Wurzel, und das tönende Wort erblühet aus ihr« (LDO I, 2).

Die so schöne Gestalt ist die »Liebe«, jene Urkraft, die sich in allem Leben äußert, die über die Vernunft zu Wort wird, ins Werk kommt, Wirklichkeit ist. In aller Wirklichkeit ruht das göttliche Leben verborgen als feurige Kraft, die ans Licht will, ein wirkendes Feuer, ertönend im Wort, wurzelnd in der Vernunft.

Die Wirklichkeit dieser Welt aber ist in Hildegards Bild-Welt immer trinitarisch gestimmt, ruhend in dreifaltiger Gottheit. Denn »drei Vermögen hat diese Vernunft: den Hauch, den Klang, das Wort. Im Vater ist der Sohn wie das Wort im Klang. Der Geist ist in beiden wie Anhauch und Wort. Und so erfüllet des Herren Geist den Erdkreis.«

Und wieder läßt die Stimme sich vernehmen: »Drei Kräfte sind auch im Stein, drei in der Flamme, drei sind im Wort. Im Steine west feuchtes Lebensgrün, tastbare Geschlossenheit, funkelndes Feuer.« Und so hat auch die Flamme in ihrem einzigen Glühen wiederum drei Kräfte, wie auch der eine Gott in drei Personen lebt: »Die Flamme brennt in glänzendem Licht, in purpurnem Hauch, in feuriger Glut.« Und so wirken auch im Wort drei Dinge – der Schall, die Kraft und der Hauch: »Der Schall läßt das Wort laut werden, die Kraft macht es vernehmbar, der Hauch läßt es zu seiner Fülle kommen« (Sc II, 2).

Dann aber wird der Vergleich in unerhört kühner Weise ein weiteres Mal aufgenommen, wenn wir lesen: »Und so besitzt auch der Mensch in seinem Geschlechtsvermögen drei Kräfte: die Geschlechtsbegierde *(concupiscentia)*, die Geschlechtskraft *(fortitudo)* und den Geschlechtsakt *(studium)*.« Die Libido steckt die Potenz in Brand, damit der Akt in beiderseitiger Inbrunst vollzogen wird. »Unter dem Wollen Gottes *(voluntas)* verstehe die Begierde des Mannes, in der Vollmacht Gottes *(potestas)* die Zeugungskraft und unter Gottes Güte *(pietas)* jenen Geschlechtsakt, der Begierde und Potenz in Einklang bringt. Auf diese Weise aber wird durch den Mann und aus der Frau das menschliche Geschlecht hervorgebracht« (Sc II, 3).

An dieser bemerkenswerten Stelle kommt schon sehr deutlich zum Ausdruck, wie konkret das lebendige Leben in seiner Schöpfungskraft zugesprochen ist auf den Menschen. »Da Gott nun Vernunft ist, wie könnte es geschehen, daß Er nicht am Werke sei, Er, der doch jedes Seiner Werke aufblühen läßt durch den Menschen. Schuf Er ihn doch nach Seinem Bilde und Seiner Ähnlichkeit und zeichnete jedes Seiner Geschöpfe nach festem Maß in diesen Mensch ein. Denn von Ewigkeit her lag es im Ratschluß Gottes, daß Er Sein Werk – den Menschen – schaffen wollte. Und als Er dieses Werk vollendet hatte, übergab Er dem Menschen die ganze Schöpfung, damit er nun mit ihr wirken könne, und zwar in der gleichen Weise, wie auch Gott Sein Werk gebildet hatte. Und so ist der Mensch Gottes Werk *(opus Dei)*« (LDO I, 2).

Über seiner Schöpfung sahen wir den allgewaltigen Schöpfergott thronen in der Gestalt eines Menschen. Aus feuerrotem Antlitz zündet sein Licht über die Schönheiten des Alls, um in seiner Liebesfülle alles zu durchdringen mit dem ganz und gar heilen Leben. Mit majestätischem Flügelschlag umgreift die glühende Gestalt der Liebe alle Welt. Der Schöpfer schmiegt sich gleichsam in allumfassender Liebe seiner Schöpfung an und kommt mit ihr in ein Gespräch.

Gott brennt sein Leben durch die schöne Welt, den Kosmos, ein Wunderwerk an Schönheit *(elegantissima ordinatio)* (LDO III, 46). Wurzelgrün, Samen, Blüte, das Schöne – alles gehört zur lichten Substanz der Natur. »Jedes Geschöpf hat etwas an sich von dieser göttlichen Strahlung: im Grünen, Keimen, Blühen, im Schönsein! Ohne dies könnte es als Geschöpf gar nicht bestehen« (LDO IV, 11). Von der Grünheit *(viriditas)* gehen aus die Blüten, von der Blüte die Frucht. Wolken ziehen ihre Bahn. Mond und Sterne flimmern in feuriger Kraft. Dürres Holz läßt im Grünen neue Blüten sprießen. Wasser quillt auf in luftiger Leichtigkeit und ergießt sich in Strömen (PL 171 A). Und so ist des heilen Lebens kein Ende.

Inmitten dieser im lebendigen Licht geschaffenen Schöpfung hat der Mensch zweifellos eine exemplarische Mittelstellung und Vermittlerrolle; steht er doch so sehr inmitten aller Kreaturen, wie Gottes Sohn mitten im Herz des Vaters *(in medio corde Patris)* ruht (LDO IX, 9). Der innige Zusammenhalt von Welt und Mensch erst garantiert die Ordnung des Weltganzen, eine Verflochtenheit, die sich jedesmal im Menschen als Bild einer ganzen Welt *(omnis creatura)* trifft (LDO II, 32). Selbst noch in allen Gestaltungen des Organismus leuchtet diese lichtvolle Wirklichkeit als ein Lebensprinzip (LDO IV, 105). Und so ist der Mensch voller Leben, und seine Existenz breitet um sich eine lebendige Atmosphäre aus (LDO IV, 105).

Auch Gott ist ja kein schweigendes Feuer, kein verborgener Brand, sondern ein aus sich heraus wirkendes Gluten. »Also schafft Er auch vernünftiges Leben; daß nämlich die Augen sehen, die Ohren hören, die Nase riecht und der Mund wirkliche Worte der Vernunft hervorbringt« (LVM I, 37). Gott wollte seine Herrlichkeit nicht für sich allein haben. »Sein Wille war, daß Er sich Seinen Geschöpfen mitteile, damit auch sie sich mit Ihm freuten. Dies tat Er so, wie eine Henne wohl auch ihre Küken unter ihre Fittiche sammelt« (LVM I, 136).

Dieser rufende Gott, eine lebendige Stimme, die fordert, dieses verzehrende Feuer, flammender Quell aller Vernünftigkeit: Das ist der Gott der Offenbarung, das lebendige Wesen eines nicht stumm zu denkenden Gottes, der gehört werden will vom vernünftigen Menschen, der nichts will als Offenheit und Antwort. Nur so ist der Mensch Gleichbild der Gottheit: Der Vater spricht, der Sohn antwortet, der Heilige Geist ist die liebende Neigung dieses ewigen Gesprächs.

Eine solch erhellende Sinngebung von Wirklichkeit ist allein dem Menschen zu Bewußtsein gekommen. Hat Gott ihn doch begabt mit vernünftiger Geistigkeit *(rationabilis vita)* und ihn damit in die Ordnung der Engel gestellt. Mit diesem seinem Grundvermögen unterscheidet der Mensch alle Dinge *(rationalitas discernit omnia).* Er untersucht jedes Wesen, geht ihm nach und setzt sich auseinander mit allem *(subtiliter penetrat et discutit).* Und nur so ist der vernünftige Mensch ein Wesen, das sich zu entscheiden wagt und dafür die Verantwortung trägt.

Des Menschen Vernunft gleicht einer Posaune mit gewaltiger Stimme; sie hat »die Weise des Jubilierens« an sich. Auch des Menschen Seele hat diesen Wohlklang, »und sie selbst ist klingender Natur *(symphonizans)*« (LVM IV, 59). So bleibt der Mensch lebendig mit den Flügeln seiner Vernunft.

Diesen vernünftigen Menschen hat Gott so sehr geliebt, daß er ihn für jenen Platz bestimmte, aus dem der gefallene Engel geschleudert ward: »Er hat ihm alle Herrlichkeit und Ehre zugeordnet, die jener mit seiner Seligkeit verloren hatte« (LDO I, 3). Dem auf dieser so weiten Erde »eigenst berufenen Werk«, dem Menschen, wollte Gott seinen Kuß geben, jenem sonderbaren Gebilde, das er aus Erdenlehm gemacht und von dem er nun bekundet: »In einer einzigartigen Weise habe Ich dieses Werk liebend umarmt. Durch den feurigen Geist habe Ich es verwandelt zu einem Leibe. Und ihm gab Ich alle Welt zu Diensten« (LVM VI, 52).

Wie sich ein so geheimnisvolles Leben, ein so schönes Dasein, ein Leben in Freude, im Grunde verhält, das freilich kann »kein Mensch zeit seines Lebens« wissen. Die Geheimnisse der Offenbarung, alle Verkündigungen, sie werden uns lediglich gezeigt »wie durch ein Fenster *(quasi fenestraliter)*« und gleichsam »wie in einer Spiegelschau *(quasi per speculum)*« (LVM VI, 65).

Wie wunderbar aber hat die Seherin Hildegard sie uns dann zu zeigen vermocht, all diese Fensterblicke und Spiegelbilder: im andachtsvollen Aufdecken und entzückendem Auflichten der Schatten, der Schichten, im Durchleuchten und Durchtasten all der Hüllen und Häute, im bewundernden, im beglücktem Erfahren der großen Bewegungen dieses schönen Weltenschleiers, der gewebt ist aus lauter Liebe!

Immer wieder neu kommt es zum Klingen, jenes Hohelied der Liebe, das ein so inniges Verhältnis zwischen Schöpfer und Schöpfung bekundet. Mit seinem liebendem Munde will Gott seinem eigentlichen Werk *(officiale opus)* einen Kuß geben, will es innigst umarmen *(amando amplexus).* Daher redet der Schöpfer zu seiner Schöpfung wie ein Liebender zu seiner Geliebten. Mit dem Geschenk der Liebe zielt Gott auf den Menschen: Er rechnet mit ihm!

Erfüllt von der Schau einer so schönen Welt im lebendigen Licht kann Hildegard denn auch mit der Gestalt der »Glückseligkeit« begeistert bekennen: »O, wie glücklich ich bin! Der Herr Jesus Christus macht mich bereit und macht mich schön und licht, weil ich so sehr verlange nach jenem Liebhaber, den ich beständig umarmen möchte und in Freuden besitzen will, in allem und über alles« (Sc III, 6).

Vom Drei-Einen Leben

Im lebendigen Licht erblickt die Seherin eine saphirblaue Menschengestalt. Sie erglühte im sanften Rot einer funkelnden Lohe. Beide aber, das helle Licht und die funkelnde Lohe, durchfluteten ganz und gar die Gestalt, und alle drei erscheinen in einer einzigen, einer einzigartigen Lichtfülle.

Diese drei Personen sind ein Gott in der einen und ungeteilten Gottheit. In der Gestalt des Sohnes hat sich die Liebe Gottes an uns erwiesen. »Denn durch das Wort, das der Lebensquell selber ist, kam die umarmende Mutterliebe Gottes zu uns hernieder« (Sc II, 2).

34. **Der Leuchtende**
Auf einem hohen Bergmassiv thront der Schöpfergott als Beherrscher des Erdkreises. Wie durch kleine Fenster werden Menschen mit ihren verschiedenen Gesinnungen sichtbar. Vor dem blauen, sternenbesäten Kosmos erscheinen die Gestalten der »Furcht des Herrn« und der »Armut im Geiste«. Des Lichtes Herrlichkeit durchflutet diese mit Strahlen, so daß man ihr Antlitz nicht zu erkennen vermag.
Liber Scivias, Kopie ehem. Rupertsberger Kodex, um 1180;
Abtei St. Hildegard, Eibingen.

35. **Die wahre Dreiheit in der wahren Einheit**
Vor der Goldscheibe im funkelnden wogenden Feuer erscheint die saphirblaue Gestalt eines Menschen in Botenhaltung, rundum umflossen von einem überaus hellen Licht. Der silberne Strom kommt aus nachtblauem Grund und bildet im Überfließen aus der Dreiheit die Einheit.
Liber Scivias, Kopie ehem. Rupertsberger Kodex, um 1180;
Abtei St. Hildegard, Eibingen.

Durch das Wort, seinen Sohn, hat der Vater alles erschaffen im Heiligen Geist. Und der Geist, durch den alles in Lebenskraft *(viriditas)* grünt, west im Vater und im Sohne. Insgesamt aber sind sie »die Eine, unversehrte und unveränderliche Wesenheit der unausdenkbaren Schönheit, die ungeteilt in Eintracht verharrt« (Sc III, 7).

»Kann es denn vorkommen,« fragt Hildegard, »daß sich in einer Brust zwei Herzen befinden? So darf es auch im Himmel nicht zweierlei Gottheiten geben« (Sc I, 2).

Die Bilder vom »Drei in Einem«, sie wechseln und vertreten sich, ergänzen einander und überhöhen sich. Das Wort, durch das der Vater im Heiligen Geist das All ins Leben gerufen, ist auf wunderbare Weise Fleisch geworden. Und so hat der Gott-Mensch die irdische Natur erhoben auf den Thron zur Rechten des Vaters. Der Lehm der Erde, er ist heimgekehrt in den Schoß der Gottheit.

Abgeschnitten vom Urquell des Lebens, waren die Menschen zurückgefallen in ihr eigenes Nichts. Sie wurden gleichsam »abgesägt von der Freude des Lebens« (Sc III, 7). Das Wasser des Heiles aber, es gewährt uns nun wieder geistige Labung und reinigt das Blut. Denn nur zu oft wandelt das Blut »auf Irrpfaden in der qualvollen Süßigkeit, der brennenden Lust allzu dienstbar«. Dieses Wasser, das vom Schmutz uns reinigt, ist Sinnbild für den Sohn, der durch sein Leiden alle Makel getilgt hat. »Und das Blut, das im Menschen kreist und ihn erwärmt, stellt den Heiligen Geist dar, der die herrlichsten Tugenden in den Menschen erweckt und entzündet« (Sc III, 7). Und auch in diesem Bilde sind wiederum der Geist, das Wasser und das Blut »drei in einem und eins in dreien«!

Im Wissen um diese Geheimnisse soll nun die Seherin auch sprechen, wie sie belehrt wurde: »Und sprich offen über das Brot, welches Mein Sohn ist. Er ist das Leben in feuriger Liebe.« Und wiederum wendet sich Gott an die Seherin, und er spricht: »O wie schön sind deine Augen, wenn du göttliche Dinge kundtust, während sich dabei die Morgenröte des göttlichen Ratschlusses erhebt!« (Sc III, 1).

O Weisheit voll Urkraft –:
Kreisend umgreifst Du das All,
alles umfaßt Du, die ganze Welt
auf einem Weg, in einem Zug,
der da voll ist des Lebens.

Mit dreifachem Schwingen schwingt dieser Zug:
Der eine Flügel schwebt hoch in die Höhen,
der andere müht sich mühsam auf Erden,
ein dritter aber schwingt rund um das All –:

Lob sei Dir, o Weisheit,
Lob, wie sich's gebührt,
und immerdar Lob!

(S 27)

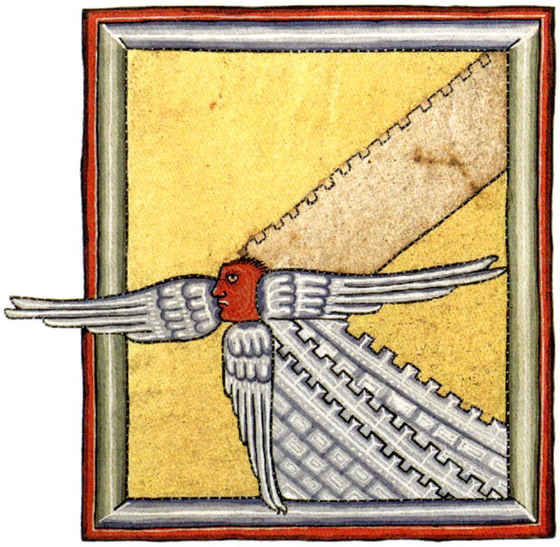

36. **Das Haupt Gottes**
Das Haupt blickt zornig nach Norden. Es besitzt drei Flügel und versinnbildlicht den Liebeseifer Gottes.
Liber Scivias, Kopie ehem. Rupertsberger Kodex, um 1180;
Abtei St. Hildegard, Eibingen.

Der Mensch im Weltenrad

Mitten in diesem im Licht erstrahlenden, von Liebe erfüllten Weltenbau erscheint nun leibhaftig der Mensch: eine gewaltige Gestalt, die alle übrigen Kreaturen überragt. Ist er doch bedeutender als alle anderen Geschöpfe, die ihrem Wesen nach doch nur in Abhängigkeit von der Struktur der Schöpfung bestehen können. Der Mensch ist aber nicht nur mehr als alle Kreatur; er ist in seiner Leibhaftigkeit gewissermaßen schon die ganze Schöpfung *(omnis creatura)*: Er überragt die Erde und stellt sich den Elementen der Welt, den Lüften, dem Wasser, dem Feuer.

Der Mensch ist gleichsam in das Weltenrad eingeflochten, in einem dichten Gefüge von vererbten Anlagen und einem ebenso konkreten Geschick von Verhältnissen und Verhängnissen der Umwelt. Er hat gleichwohl sein Leben in Verantwortung zu führen und sich in seinem Spielraum der Freiheit zu orientieren und zu entscheiden. Hinfällig zwar in seiner irdischen Existenz, gehorcht er über die Gabe seiner Vernunft dem Anspruch des Schöpfers und gewinnt auf allen Wegen Heilung und Heil.

»Auf diese Weise hat Gott den Menschen mit allen Kräften der Natur gefestigt. Er hat ihm die Rüstung der Schöpfung angezogen, damit er alle Welt im Sehen erkenne, im Hören verstehe, im Geruch unterscheide, im Geschmack konsumiere und im Tasten beherrsche.« Und so sollte der Mensch zur Erkenntnis des wahren Gottes kommen, der der Herr aller Welten ist. Gott hat ja die Gestalt des Menschen gebildet nach dem Bauwerk des Weltgefüges, so wie ein Künstler seine Form hat, nach der er seine Gefäße macht. Und wie Gott das riesige Instrument des Weltalls nach ausgewogenen Maßen gemessen hat, so hat er auch den Menschen in seiner kleinen Gestaltung abgemesen: »Gott schuf ihn so, daß Glied an Glied gefügt, keines das rechte Maß, das richtige Gewicht überschreite, außer nach Gottes Bestimmung. Auch sollte jedes in der Vielfalt der Gliederung sich in den Gelenken beugen können, am Hals, an den Schultern, an den Ellbogen, den Händen, an den Schenkeln und Knien und Füßen sowie der gesamten übrigen Organisation« (LDO IV, 97).

Es ist bei dieser Bildung ganz wesentlich, daß der Mensch immer nur als Ganzes gedacht werden kann, in seiner unverkürzten Leiblichkeit *(corpus ubique)*, Leib ganz und gar, und zwar so, wie Gott ihn von Anfang an gedacht und geschaffen hat: als Mann und als Frau. Beide sind einander zugesprochen und von einander beansprucht, in Wort und Antwort, in voller Verantwortlichkeit. Und so steht der Mensch vor uns da als das Herz der Kreatur, im vollen Gespräch mit der Welt.

Mit seiner Vernunft, dem Sinn der Sinne, in seiner Geistigkeit schaut und schmeckt der Mensch die Dinge und macht sich ein Bild von der Welt. Er kommt zur Weltanschauung. Er soll einfach sehen lernen, was ist, sich aneignen, was ihm zukommt, soll unterscheiden zwischen dem, was ihm zusteht und dem, was nicht gut tut, um

37. **Der Kosmosmensch**
An seiner Brust trägt Gottvater das gewaltige Schöpfungsrad, das von der feurigen Gestalt der »Liebe« gehalten und umarmt wird. Mitten in diesem Weltenrad erscheint der Mensch, die kleine Erde überragend, ausgespannt in die Weltkräfte mit ihren Elementen und Strahlungen. Der Mensch hält das Weltennetz gleichsam in seiner Hand und übernimmt damit seinen schöpferischen Auftrag an der Welt.
Liber Divinorum Operum, um 1240; Ms. 1942,
Lucca, Biblioteca Statale.

sich so mit aller Bestimmtheit frei zu entscheiden. Hat er, der Mensch, doch die Gabe des Unterscheidens *(discretio)*, die weise wird, voller »sapientia«. Seine Bildung ist Produkt welthafter Erlesenheit. So kann er sich an allem erfrischen und die Freude am Leben genießen. So weit und so schön liegt die Welt da, so offen vor den vernünftigen Sinnen eines reifgewordenen Menschen!

»Und Gott übergab dem Menschen die ganze Schöpfung, auf daß er sie mit seiner Manneskraft durchdringe *(penetrare)*, damit er alles wisse und alles erkenne. Denn der Mensch als solcher stellt die gesamte Schöpfung dar *(homo omnis creatura)*, und der Hauch des Lebens, der kein Lebensende hat, kommt in ihm wesentlich zur Erscheinung« (CaCu 45, 17–20).

Der Mensch mit Leib und Seele

Wie nun Gott den Menschen derart geschaffen hat, daß die gesamte Schöpfung ihm zur Verfügung stehe, so hat es Gott auch gefallen, »das Gewand des Fleisches im Menschen anzunehmen«. Gottes Wort und der Leib sollten dabei eine Lebenseinheit werden, und dies in der gleichen Weise, wie auch der Leib das Kleid der Seele ist und wie es der Seele Auftrag ist, mit dem Leibe zu wirken. »Der Körper wäre ein Nichts ohne die Seele, und die Seele könnte nichts tun ohne den Körper. Auf diese Weise bilden sie eine Einheit *(unum)* im Menschen, und sie beide machen den Menschen aus« (LDO IV, 105).

Die Seele ist gleichsam die grüne Lebenskraft *(viriditas)* des Leibes (LDO IV, 21). Und so freut sich die Seele, im Leben wirken zu dürfen. »Ist der Leib doch von Gott selber gestaltet worden, und so ist sie selbst auch eifrig bemüht, die Werke des Leibes *(opus corporis)* zu vollenden« (LDO IV, 19).

Wie indes die Seele den Leib und das Blut des Menschen so durchdringt, »daß ein einziges Leben *(una vita)* entsteht«, das vermag kein Mensch vollkommen zu wissen (Sc III, 7). Was wir wissen, ist der Sachverhalt, daß »der Geist kein lebendiger Mensch sein kann ohne die leibliche Materie des Blutes, und daß die Blutsubstanz *(sanguinea materia corporis)* des Leibes ohne die Seele niemals ein lebendiger Mensch sein kann« (Sc III, 7).

Hildegard kennt nicht das augustinische »Gott und die Seele, und sonst nichts!« Die Seele hat keinen Sitz im Organismus und keinen Standpunkt außerhalb des Leibes. Sie ist nicht eingekerkert in den Leib, wie bei Platon, nicht aufgezogen im Uhrwerk, wie bei Descartes. Sie sucht sich nicht zu retten vor dieser Welt; sie baut sich in keiner Weise schon hier eine Art von himmlischem Eigenheim. Sie baut am Turm ihrer Leiblichkeit: sie ist das »opus corporis«; dies ist ihr Wesen.

Und so ist die Seele gleichsam das am Leibe, was der Saft im Baum ist. »Ihre Kräfte sind gewissermaßen die Gestalt des Baumes. Der Seele Verstand gleicht dem Grün der Zweige und Blätter, der Wille den Blüten daran, das Gemüt der reifenden, die Vernunft der vollreifen Frucht. Auf diese Weise wird der Leib des Menschen von der Seele gefestigt und gestützt« (Sc I, 4).

»Daher existieren beide – Leib und Seele – trotz ihrer verschiedenen Naturen dennoch als eine einzige Wirklichkeit *(unum opus)*. Dieses einheitliche ›opus‹ begreift man, wenn man sieht, wie die Seele ihrem leiblichen Organismus im Denkvorgang die Luft zuführt, bei jeder Konzentration die Wärme, mit der Stoffaufnahme das Feuer, ferner das Wasser bei der materiellen Einverleibung und die Grünkraft *(viriditas)* bei den Zeugungsvorgängen. Und so ist der Mensch von der ersten Bestimmung an *(a prima constitutione)* zusammengesetzt: oben und unten, außen

38. **Die Seele und ihr Zelt**
(Detail)
Aus Gottes Schöpferkraft empfängt das Kind im Mutterschoß seine Seele gleich einer Feuerkugel. Männer und Frauen bieten dem werdenden Leben ihre Gaben dar. Inmitten des goldenen Quadrats mit den zahlreichen Augen – Symbol für Gottes Allgegenwart – leuchtet das Morgenrot der Menschwerdung und Erlösung auf, an der auch der werdende Mensch Anteil haben soll.
Liber Scivias, Kopie ehem. Rupertsberger Kodex, um 1180; Abtei St. Hildegard, Eibingen.

wie innen *(et supra et subtus, circa et intra)*, allüberall existiert er als Leib *(corpus ubique)*. Und das ist das Wesen des Menschen *(et hoc est homo)*« (LDO IV, 103).

Mit dem Leib, diesem universellen Medium, haben wir die Welt, leibhaftig! Wie das zu verstehen ist, kann an einem einfachen Beispiel erläutert werden. Unser Magen – nicht etwa das Gehirn und auch nicht das Herz – ist fähig, die Welt zu fassen *(capax mundi)*, wie auch der ganze Weltenraum nichts ist als ein Riesenmagen, der zeitlebens die Weltstoffe durch uns hindurch filtert *(capacitatem mundi ostendit)*. Daher verlangt der Magen nach den inneren Kräften der Geschöpfe, die er aufnimmt und wieder von sich gibt, um so unterhalten zu werden und in ständiger Korrespondenz zur Konkordanz zu finden. Und so werden neben dem Magen auch die übrigen Glieder vom Kopf bis zum Fuß, besonders eindrucksvoll darin das Geschlechtsleben, durchgesprochen und mit dem Prolog des Johannes-Evangeliums in Verbindung gebracht, um daran nun aber auch wirklich und ganz konkret zu demonstrieren: daß das Wort ist Fleisch geworden, Fleisch geworden Glied um Glied, in unserer Welt, für jeden Menschen und zu aller Zeit.

Der Mensch als Mann und Frau

Wie Leib und Seele unzertrennbar miteinander vereint wirken, so nun auch Mann und Frau. »Gott selber führte Mann und Frau zur geschlechtlichen Vereinigung. Was stark war, verband Er mit dem Schwachen, damit eines vom anderen gehalten werde.« Von Anbeginn an ist dies so eingerichtet worden, in aller Ehrenhaftigkeit, und ohne daß man sich seines Geschlechtslebens zu schämen braucht (Sc II, 6). Mann und Frau gehören sich bei diesem Akt so innig an, daß einer den anderen verwirklicht und wirklich einer des anderen Werk *(opus alterum per alterum)* ist (LDO IV, 100).

Der Geschlechtsakt ist nicht Produkt etwa eines Naturtriebs; er wird ausgeführt wie ein kunstvolles Bauwerk *(aedificium)*. Hierbei gleicht der Mann im Sturm seiner Leidenschaft einem »Schiff im Wogenprall«; die Lust kommt über ihn wie »das Feuer brennender Berge«. Bei der Frau indes tritt eher die gezügelte Klugheit in ihrer schönen Selbstbeherrschung in Erscheinung. Ihr sexueller Rapport wird verglichen mit dem »feinen Lauschen wie vom Klang einer Zither« (CaCu 72, 34).

In einem solch intimen Verhältnis hängen Frau und Mann aneinander, wollen nicht mehr voneinander lassen, laufen sich nach, erwärmen sich füreinander, drängen ineinander, haben Sehnsucht und Durst wie der Hirsch nach der frischen Quelle. Sie empfinden Glut und alle Süßigkeit, enträtseln und erschließen sich und bleiben einander doch geheimnisvoll. Sie erfahren Leid und Erschütterung und so viel Weh im lebendigen Miteinander.

In der Hülle seiner Leiblichkeit ward der Mensch ein Hort aller Wunder Gottes *(clausura mirabilium Dei)*. Mit männlicher Kraft sollte der Mensch als Gottes Werk *(opus Dei)* seine schöpferischen Aufgaben verrichten; die Welt wurde sein Wirkfeld und sein Horizont; er wurde zum Partner der Welt *(opus cum creatura)*. Als Partner seiner produktiven Fähigkeit aber gab Gott ihm eine Gehilfin, ein Wesen, das ihm antwortet, das bei ihm wohnt, dem er beiwohnt, das ihm leibhaft liebende Gattin ist, damit einer sich am anderen erfreue und mit dem anderen verwirkliche, so daß der eine wahrhaft das Werk des anderen ist *(opus alterum per alterum)*. Sind Mann und Frau doch »ein Fleisch in der Liebesvereinigung« geworden. »Und so sollen sie auch in rechter Vereinigung *(in rectitudine coniunctionis)* verbleiben, sich nicht gegenseitig mit

39. **Herr Konrad von Altstetten**
Die Fläche mit dem liebenden Paar ist mit rotblühenden Rosenranken – Symbol der Minne – kunstvoll ausgefüllt.

Codex Manesse,
Cod. Pal. Germ. 848, fol. 249v
(Detail)
Heidelberg, Universitäts-
bibliothek.

Schlangenbissen zerfleischen, sondern einander in Liebe zugetan sein« (Sc I, 2).

In seiner Leiblichkeit und mit seiner Geschlechtlichkeit darf der Mensch auf der Erde leben und sein Heim bauen. Mit aller Kreatur sollte er die Freuden des Lebens *(vita laeta)* genießen. Das war der Sinn der ersten Pflanzung *(plantatio prima)*; da war noch auf Erden die Hoch-Zeit. Denn Gott schenkte dem Manne die Frau, auf daß er zur Erkenntnis komme und zur Freude gelange. »Zwischen Mann und Frau sollte die volle Lebensfreude vorherrschen, jene vollkommene Liebe, wie sie schon im ersten Menschenpaare erblüht ist« (Sc I, 2). Durch das Geschlecht *(opus)* sollten sich beide verwirklichen, vernehmbar machen *(verbum)* und teilhaftig werden des mystischen Lebens *(viriditas)*: »Opus verbi viriditas« – das ist gleichsam die Formel für den ehelichen Lebensstil im Mysterium der Dreifaltigkeit. Und so ist er, der Mensch: Braut der Natur, Partner seiner selbst, Teilhaber der Schöpfung.

Mit der ganzen übrigen Schöpfung genießt nunmehr der Mensch die Freude am Leben mit all seinen Sinnen: »Die Augen sind Fenster der Seele und Wege der Erfahrung. Die Ohren sind Flügel der Vernehmens, und sie übertragen die Vernunft. Die Nase läßt unterscheiden, und der Mund vermittelt den Geschmack für das Wirkliche; mit seinem Belecken hat er die Kraft innigstens Umfangens. Die Hände sind erfüllende Tat.« Essen und Trinken dienen dem Austausch der Elemente. Der Atemzug reißt nie ab und bleibt im Verbund mit dem Kosmos. Der Magen als Zentrale des Stoffwechsels weist hin auf die Kapazität der Welt. Der Schlaf ist dem Menschen geschenkt zur Versenkung nach innen. »Und so brachte Gott den Menschen mit aller Kreatur in eine Gemeinsamkeit und in eine Partnerschaft mit aller Welt.« Der Mensch ist der Träger des Seins *(omnia fert)*, der Hirte des Seins; existiert doch jedwedes Geschöpf mit ihm und in seinem Wesen *(omnis creatura in eo est)*.

Aus dieser seiner natürlichen Verfassung heraus *(opus Dei)* und mit all seinen zwischenmenschlichen Beziehungen *(opus alterum per alterum)* versteht der Mensch seinen eigentlichen Auftrag an der Welt da draußen *(opus cum creatura)*. Der Mensch steht nicht auf sich selbst und für sich selber: Er ist abhängig von oben, verantwortlich füreinander, ausgerichtet auf die Welt. Er hat eine Aufgabe in der Welt, mehr noch: ein Amt an der Welt. Mit dieser seiner biologischen Ausstattung und in seiner personalen Zuordnung erst ist der Mensch in der Lage, das Gespräch mit der Welt sinnvoll zu führen.

Schöpferisch wohnt der Mensch, fruchtbar wirkend als das geschaffene Werk *(operans factum opus in operatione)* (Sc III, 2). All seine Tugenden sind Werk des in Gott wirkenden Menschen *(opus operantis hominis in Deo)* (Sc III, 3). Auf diese Weise ließ Gott von Anbeginn an seine Geschöpfe gleich einer strahlenden Sonne aufgehen. »Und Er führte sie nicht nur ans Licht, sondern ließ sie sich immer weiter zur ihrer eigenen Vollendung *(ad perfectionem)* entwickeln« (LVM I, 47).

Göttliches Leben schenkt ja in allem die Fruchtbarkeit zur Weiterentwicklung aller Geschöpfe. Alles soll reifen zu seiner endgültigen Vollendung *(ad completionem perfectionis)*. Alles muß sich im Werden entfalten, aus seinem eigenen Wesen heraus schöpferisch entwickeln (LVM III, 28). Denn alles, was in Gottes Satzung steht, gibt einander Rede und Antwort, erweist sich als verantwortlich für das Reifen der Welt.

Die Seherin Hildegard selber tritt angesichts dieser Schau staunend zurück, nachdem sie sich nochmals in das Rund des rollenden Weltenrades vertieft hat, indem sie ausruft: »O Mensch, so schau dir doch daraufhin noch einmal den Menschen an: Der Mensch hat ja Himmel und Erde und alle Kreatur schon in sich selber und ist doch nur eine Gestalt, die das All in sich geborgen trägt« (CaCu 2, 17–19). Und wie das Gesamt der himmlischen Harmonien nur ein Spiegel der Gottheit ist, so sind nun auch Welt und Mensch ein Spiegel aller Wunder Gottes!

Die Schönheit des Leibes

»Mit Glanz und Schönheit hat Gott das All geschmückt, Er hat es aufgefüllt mit dem Reichtum der Geschöpfe, dem Menschen zu Diensten« (LVM III, 26). Und nun erscheint er selber, der schöne Mensch in seiner vollkommenen Gestaltung *(plena statura)*, in der Gestaltkraft des Leibes *(opus corporis)* und mit allen Schönheiten des Leibes: Leib im Licht!

Einst war aller Leib Licht, durchleuchtet, einsichtig, ausstrahlend, leuchtend im »lumen corporis« seiner »genitura mystica«, einer »natura gloriosa« – ein Licht, kunstvoll gebrochen am Stoff aller Gestaltung zur Farbigkeit, ein Leuchten, durch die Stofflicheit der Dinge lediglich gehemmt, aber auch bereichert zur Reichhaltigkeit aller Erscheinungen. Aller Leib brannte in Glut: strahlend im Auge, gedämpft in den Gliedern, kochend in den Gruben und Höhlen der Eingeweide, prophetisch Umschau haltend im Traumleben.

Lichtverlust wurde Krankheit. Tod ist erloschener Leib, den die Seele wie ein verkohltes Stück Holz längst schon verlassen hat. Ist alles Leben doch ein feuriger Kochprozeß, ein einziger, ein einzigartiger Bildungsvorgang:

Auf dem Feuer gekocht werden die elementaren Substanzen der großen Welt. Winde und Sterne regulieren die Glut. Wie ein Brand bricht die feurige Seele ein in den Leib, beseelt als flammende Kugel die Frucht, sitzt in den Gliedern, kocht alle Stoffe des Leibes wie in einem Töpferofen. Feurig wirbt die Seele um die Elemente, zieht sie an sich, macht sich mit ihnen vertraut, kommt in ein Gespräch. In dieser feurigen Elementar-Symphonie hat jedes Ding auf der Welt seinen Klang, will in Übereinstimmung kommen und über die Korrespondenz aller Wesen auch zu wesensinniger Konkordanz.

Auch Adam und Eva standen in einem solchen Kochprozeß, als sie bei ihrer geschlechtlichen Vereinigung ein Fleisch wurden. Beide kochen einander mit gegenseitigen Materie durch und fließen gleichsam ineinander. Und wie die Leibesfrucht im Feuer gekocht wird, so brütet auch der Heilige Geist auf der Jungfrau wie die Henne auf dem Ei, auf daß aus solcher Glut Gott Mensch werde. Kochen ist zum Bild geworden für Leben im Geiste. Solche Bilder aber, sie bilden für Hildegard das immergrüne Fleisch ihrer Frömmigkeit, das aus Gottes Gnade im Feuer reift zur schönen Erscheinung: als »Blüte der Schönheit Gottes«, als »Schmuck Seiner Manneskraft« (LVM IV, 28).

Der wache Mensch allein ist in der Lage, die Schönheit aller irdischen Erscheinungen in ihrem Ausstrahlen *(splendere)* und Widerspiegeln *(resplendere)* zu erkennen und in ihrer Leuchtkraft anzuschauen. So wird er der vollen Schönheit der Natur gewahr und gelangt zu einer offenen Weltanschauung. Ist doch die ganze Natur eine einzige Stimme, einzigartige Stimmung, Laut *(sonus)* des Daseins, um die so schöne Welt nun auch hörbar und lesbar zu machen. Und so erscheint die Erde als »Blüte der Schönheit Gottes«. Alle seine Werke erstrahlen in höchster Schönheit. Hier ist die Welt wahrhaft noch »Kosmos«: Walten von Ordnung in Schönheit!

Darum sollen wir »die Sonne, den Mond und die Sterne und alle Schönheit dieses lebensfrischen Erdengrüns« betrachten, um dabei zu bedenken, »welche Glückseligkeit Gott den Menschen mit diesen Dingen geschenkt hat« (LVM V, 16). Nirgendwo begnügt sich Hildegard mit dem Schein der Schönheit, mit dem, was uns schön scheint, was wir schön finden – immer geht sie auf die Lichtquelle zu, und erst bei dieser Quelle selber, dem so geheimnisvollen Anspruch des Schönen, beruhigt sich ihre Schau, bereitet sich zur Antwort und strahlt dann auch alles Schöne wider: die so wunderschönen Kulissen der äußeren Natur, Schönheit der Gefilde, Erhabenheit der Gebirge, Schauer der Abgründe, Grünheit in Wurzel und Blüte, Fruchtbarkeit der Geschlechter, Glanz der Gezeiten, Leuchtkraft der Gestirne, das Kunstwerk einer Welt als Drama des Heiles – und als Spiegel von allem: der schöne Mensch!

In und mit aller Welt vermag der Mensch in seiner »laeta scientia« die Geheimnisse göttlicher Schönheiten zu erkennen (LDO V, 23), und damit auch sich selber. Hat er doch Anteil an der »vita laeta«, an einem Leben in Freude, mit aller Freude zu leben. Und so vermag auch die Seherin Hildegard begeistert der Stimme zu lauschen, die da spricht: »Wie schön sind deine Augen, wenn du Gottes Taten kündest!« (Sc III, 1).

In Schönheit erstrahlt vor allem der Jungfrauen Antlitz, wenn sie sich im Frührot erheben, ihren Gott zu schauen. In der Jungfrau Wesen hat Gott alle Schönheit des Himmels eingesiegelt (Sc III, 13). Gott selber erschaute »die Schönste unter den Menschenkindern«, so wie der Adler sein Auge auf die Sonne richtet (S 59). Und wie der Leib Welt vermittelt, Leben verdichtet, Geist versinnlicht, so ist nun auch der schöne Leib Medium für die geplante Einfleischung des Logos. Nur so ist Maria, die Schönste, die Lieblichste, zur »Mutter aller Freuden« geworden. Ihr Schoß frohlockte in Freude, als aus ihr die Symphonie des Himmels in Fülle aufklang.

Eine wahre Mystik des Schönen tritt uns vor Augen: Gottes Herrlichkeit im Fleische – wir sahen Seine Schönheit – unsre Hände haben getastet – unsere Lippen gekostet das Brot des Lebens! Nicht der leidende Gottmensch, der »weder Gestalt noch Schönheit« hat, wird uns hier vor Augen gebracht, auch nicht der »süße Seelenbräutigam«, sondern der Schönste unter den Menschen, das Urbild des Schönen. Zwar ist Jesus als der Schönste von allen auch ein zärtlicher Liebhaber, zugleich aber auch der stärkste Löwe *(fortissimus leo)*, der die Himmel gesprengt hat, um sich niederzulassen in der Jungfrau Gemach *(in aula virginis)* (S 197). Das ist Christus – Herr des Kosmos, Mitte der Zeit, Fülle der Geschichte, der sich vorbereitet zur Ewigen Hochzeit. Wir glänzen mit in der Schönheit der Menschengestalt und bauen hier schon »die Glieder Seines schönen Leibes *(membra sui pulchri corporis)*«.

Dieses Leben in seiner vollen Leiblichkeit ist einfach schön und herrlich, weil es aus dem Geheimnis Gottes quillt und in der Menschwerdung Gottes sein Mysterium und seinen Sinn hat. In all seiner Sinnlichkeit ist der Leib so schön, weil hier das Tor gesehen wird zu Gottes geheimnisvoller Schönheit. Diese volle und freudige Zustimmung zum eigenen Dasein bei all seiner Gebrechlichkeit hatte die spätere Scholastik nicht mehr zugeben wollen. Die »Verdeckung des Leibes«, wie sie einherging mit der »Entdeckung des Geistes«, das ist eines der finsteren Kapitel – nicht des dunklen Mittelalters, sondern gerade der scheinbar so aufgeklärten Neuzeit.

Am Ende der Zeiten aber, da werden die Leiber sich zeigen in ihrer schönsten Gestalt (LDO X, 1). Dann werden die Seelen bekleidet »mit jener Schönheit, die Adam verloren hatte und die sie nun in noch größerer Schönheit zurückerhalten« (LVM VI, 55). Erst im Verein mit dem Leibe kann die Seele die volle Fülle des Geistes erlangen. Daher suchen die Seelen mit großer Sehnsucht »nach dem Siegel ihrer Leiber, so wie ein hungriges Kind vom Vater ein Brötchen erbittet« (LVM II, 45). Dann aber empfangen sie »das volle Heil ihrer Leiblichkeit«, genießen »die Wonne aller Wonnen und die Schönheit unaussprechlichen Glanzes« (LVM VI, 58).

Mitten im Weltenbau steht der Mensch. Denn er ist bedeutender als alle übrigen Geschöpfe, die doch abhängig von jener Weltstruktur bleiben. An Statur ist dieser Mensch zwar klein, an Kräften des seelischen Vermögens jedoch gewaltig. Sein Haupt nach aufwärts gerichtet, die Füße auf festem Grund, vermag er die oberen wie die unteren Dinge in Bewegung zu versetzen. Was er mit seinen Werken rechter und linker Hand auch bewirkt, das durchdringt jenes All, weil er in der Kraft seines inneren Menschen die Möglichkeit hat, solches ins Werk zu setzen. Wie nämlich der Leib des Menschen das Herz an Größe übertrifft, so sind auch die Kräfte der Seele gewaltiger als die des Körpers. Und wie das Herz des Menschen im Körper verborgen ist, so ist auch der Körper von den Kräften der Seele umgeben, da diese sich über den gesamten Erdkreis hin erstrecken. So hat auch der fromme Mensch sein Dasein im Wissen Gottes und strebt in seinen geistlichen wie weltlichen Lebensnotwendigkeiten hin auf seinen Gott. Geht es mit seinen Unternehmungen gut vorwärts oder glücken sie auch nicht: Immer geht sein Trachten auf Gott, da er mit seinem Tun ununterbrochen seine Ehrfurcht vor Ihm zum Ausdruck bringt. Denn wie der Mensch mit seinen leiblichen Augen allenthalben die Geschöpfe sieht, so schaut er im Glauben überall den Herrn: Gott ist es, den der Mensch in jedem Geschöpf erkennt.

(LDO II, 15)

40. **Der Allherrscher**
Ein großer goldener Lichtkreis breitet sich aus von dem thronenden Schöpfergott und schwingt sich um die ganze Schöpfung und durchleuchtet die gesamte Heilsgeschichte.

Liber Scivias, Kopie ehem. Rupertsberger Kodex, um 1180; Abtei St. Hildegard, Eibingen.

41. **Die Weltkräfte**
Um den Kosmosmenschen – nach seinem Fall ohne den göttlichen Hintergrund – beginnt sich das Weltenrad zu drehen, getrieben von den Windkräften und Tierwesen, die alles in unruhiger Bewegung halten und auch das Säftesystem des menschlichen Organismus unheilvoll beeinflussen.
Liber Divinorum Operum, um 1240; Ms. 1942, Lucca, Biblioteca Statale.

Im Rad der Geschichte

Inmitten einer Schöpfung im lebendigen Licht ist der Mensch in der Welt in Erscheinung getreten: der Kosmos-Mensch im Drama einer sich erfüllenden Geschichte. Die Ereignisse überstürzen sich: Der Sturz des ersten Engels führt zur kosmischen Katastrophe. Das Weltenrad beginnt sich zu drehen; die Geschichte nimmt ihren unheilvollen Verlauf. In der Fülle der Zeiten erscheint Christus, die Sonne des Kosmos, und bringt die Wende zur Wiederherstellung aller Ordnung. Als Braut Gottes baut nun die Kirche ihre »Goldene Stadt«, bildet eine neue Gemeinschaft der Zukunft – eine neue Erde und einen neuen Himmel.

Der Ewige Ratschluß wie der Verklärung der Welt, sie stehen vor uns in einem in sich geschlossenen Kreislauf. Das stoffliche Universum trifft auf den Kosmos der Zeit und sucht darin seinen Sinn. In diesem Kreislauf steht nun der Mensch, der sich verantwortlich zu entscheiden hat.

Noch wird das Weltenrad von den Händen der dreifaltigen Gottheit gehalten. Gott hat diese Welt mit den Winden verstärkt, mit den Sternen erleuchtet, mit der Erde gefestigt, weil er aus der Materie der Erde auch das Gewand nehmen wollte für seine Menschwerdung. Mit allen Weltstoffen hat Gott den Menschen durchströmt, mit dem Geist der Vernunft hat er ihn begabt, auf daß ihm die ganze Welt zur Verfügung stehe und er mit ihr und in ihr schöpferisch wirken könne. Gott gründet das Heil des Menschen auf die Möglichkeit einer freien geschichtlichen Entscheidung.

Und schon ist die erste Entscheidung gefallen: Das Weltenrad hat sich gelöst und beginnt sich zu drehen. Die Geschichte beginnt ihren heillosen Lauf. Das Weltenrad – losgelöst aus dem göttlichen Hintergrund, umgetrieben von Windkräften und Tierwesen – wird in unruhiger Bewegung gehalten, um die Zeit vorwärts zu treiben. Über die Winde gelangen die kosmischen Kräfte in das Säftesystem des Menschen, senden Unrast und Krankheit in seinen Organismus und beeinträchtigen damit auch sein sittliches Verhalten. Das elementare Fließgleichgewicht der Säfte und Kräfte ist nun gestört. Der Mensch wird krank und hat sein Leben in der Fremde zu führen. Aus seinem ursprünglichen Leben in Gesundheit und Freude ist er herausgefallen; er geriet ins Exil und ward der Unbehauste. Er ist nicht mehr der eigentliche Mensch!

Und doch besinnt sich der Gefallene, kehrt sich aufs neue der Welt zu und verpflichtet sich die Schöpfung, um mit der ganzen geschaffenen Welt das Heil zu suchen und zu wirken. Und so läßt Gott denn auch den Menschen wie ein Rad im Geiste seines Lebens einen Kreislauf nehmen *(ut rotam in spiritu vitae circuire)*. Er läßt uns laufen und holt uns wieder heim, wobei er auch in allem am Werke ist *(omnia comprehendit, quoniam omnia operatus est)*.

Sinnbild für die Geschichte wird das Schlüsselbild der »rota«, jenes große Weltenrad, das wiederkehrt im Kreislauf der Zeit. Man schreitet durch die kosmische Ordnung wie durch eine sinnensatte Landschaft. Und wenn die Räume durchwandert sind, springt die Ordnung über auf die Zeit, auf das »opus temporum« (LDO IV, 98). In Zeit wie Natur erscheint alles symbolhaft gespannt, bildgesättigt, sinngeladen – eine einzige große kosmische Liturgie und – im Geheimnis der Inkarnation – auch ein wahrhaft kosmisches Mysterium.

Zwei Leitbilder kommen in Hildegards Weltenschau immer wieder zur Darstellung: das Werk *(opus)* und das Wort *(verbum)*. Gottes Wort ist am Werk in der Welt. Der Aufbau des Kosmos, die Natur, greift auf geheimnisvolle Weise ein in den Ablauf dieser Welt, in die Geschichte. Beide Bereiche, die äußere wie die innere Wirklichkeit, erhellt der Mensch in seiner Existenz, und für beide, die Geschichte wie die Natur, ist er verantwortlich. Im Bild von »opus« sind die beiden mächtigen Schlüsselbegriffe der Neuzeit in eins geschlossen: die »Natur« und die »Arbeit«. Die volle Einheit der Schöpfung – in den Engeln, den Pflanzen und Tieren, im Sinnesleben wie im Seelenringen – soll uns zeigen, wie alle Welt ihren Schöpfer verherrlicht, aber auch, wie der Mensch in seiner tagtäglichen »operatio« immer nur bestehen oder versagen kann.

Mit diesem Bild von der Welt sind alle Naturerscheinungen gemeint, aber auch alle Phänomene der Kultur und der Geschichte. In beiden Bereichen erfahren wir das Numinosum wie das Faszinosum im Wirken Gottes, von Gottes Wirklichkeit. Als numinos erlebt auch die Seherin Hildegard alle Dinge ihrer natürlichen Umgebung: Feuer und Wasser, Wolken und Ströme, die Sonne und die Sterne, Winde und Stürme, den Mond und die Nacht, einen Quell, eine Wiese, all die Blumen und immer wieder die so wunderbar aufquellende lebensfrische Grünkraft: all das Grünen, Sprießen, Blühen.

Gleicherweise faszinierend wurde für das Naturkind Hildegard alle Kultur auf dieser Erde: das Beackern und Einernten der Felder, das Bauen eines Hauses, eines Klosters, das Formen eines Gefäßes und das Schaffen der Künstler, das Geraten des irdischen Tuns und alle Bedrohung durch das Mißraten, die Schrecken der Schuld und der Sumpf der Sünde – und Tag für Tag und Stunde um Stunde die unausweichliche Entscheidung des Menschen bei all seinem Tun.

Beide Bereiche hat Hildegard als Einheit erlebt, als die eine Wirklichkeit *(unum opus)*. Nicht, als wollte sie das Wirken und Sagen wie auch das Verwirken und Versagen dämonisieren, als wollte sie Stern und Stein und Pflanze wie Tier beseelen: Vielmehr dient alles und jedes nur der Urerfahrung der einen, der einzigartigen Wirklichkeit des Menschen. Eine andere kennen wir nicht.

Der reifgewordene Mensch steht da in der Fülle seiner Schaffenskraft wie im Sommer eines Lebens. Er hat, wie die Sonne, Macht über die Zeit, reguliert das Lebenstempo. Denn alles tritt in Erscheinung im Rhythmus der Zeit: die Raschheit des aufflutenden Lichtes wie die Bedächtigkeit seines Scheidens, die Gedrängtheit des Wachsens, der Lockruf der Knospen, die Dichtigkeit des Grünens, das Abstoßen im Welken, alle Verwandlungen und Dämmerungen, ja selbst noch die so geheimnisvoll dahinwandelnde Nacht. Diese Art von Lebensweisheit erscheint für Hildegard ganz selbstverständlich in einer Welt, wo die Sonne und der Mond wechseln, der Mensch essen und ausscheiden muß, wo er schlafen kann und wach sein soll, wachsen und sterben muß; in einer Welt aber auch, in der er angehalten ist zum Leiden wie zur Hoffnung, zur Erkenntnis und zur Freude.

Mit seiner ursprünglichen Verfassung *(constitutio prima)* in einer paradiesischen Existenz im Wohlstand *(genitura mystica)* war dem Menschen ein geradezu omnivalenter Kulturauftrag an der Welt *(opus cum creatura)* anvertraut worden. Alle

42. **Die Werke der sechs Schöpfungstage**
Nach Vollendung des Sechstagewerkes richtet sich die weißglühende Flamme auf einen Lehmklumpen, aus dem sich ein lebendiger Mensch erhebt.
Detail aus »Schöpfung und Erlösung«

Liber Scivias, Kopie ehem. Rupertsberger Kodex, um 1180;
Abtei St. Hildegard, Eibingen.

43. **Schöpfung Evas**
Detail aus »Die Schöpfung der Welt«
Salemer Scivias-Kodex, 13. Jh.
Cod. Sal. X 16, fol. 2r
Heidelberg, Universitätsbibliothek.

44. **Sommerlandschaft**
Carmina Burana, frühes 13. Jh.
Clm. 4550, fol. 64v
München, Bayerische Staats-
bibliothek.

Elemente dienten dem Menschen; alle Kreatur stand ihm zur Verfügung. Ein- und Ausatmen waren Sinnbild einer kosmischen Korrespondenz. Essen und Trinken dienten der Unterhaltung mit der Welt und nicht einer Erhaltung in tagtäglicher Restauration. Schlafen und Wachen waren Medium eines prophetischen Weltverständnisses und nicht einer banalen allnächtlichen Rekreation. Und selbst das Geschlechtsleben war innigster Ausdruck personalen Einvernehmens und Einverleibens, Medium intimer Selbstentfaltung, in der einer sich am anderen und mit dem anderen verwirklicht *(opus alterum per alterum).*

Die erste historische Gestalt aus Gottes Schöpferhand war Adam, die Urfigur des Menschen, die Gott in das wunderbare Licht des Paradieses gestellt hat. »In einem lichten Lande weilte der Mann von einer Schönheit ohne Makel.« Seiner Seite ausgeflossen aber war eine blendend weiße Wolke, die, strahlenden Sternen gleich, das ganze Menschengeschlecht in ihrem Schoße trug. Und Gott umarmte sein Werk in einzigartiger Liebe. »O welch schöne Gestalt ist doch dem Menschen geschenkt worden in seinem irdischen Lehm!«

Gott wollte Adam ein Wesen schenken, das ihm wesensgleich sei, das seine Zustimmung finde und mit gleicher Stimme Antwort gebe. Welch eine Dramaturgie: Mit der Frau erst kommt Schwung in die Geschichte! Und sie blieb denn auch spannend, diese Geschichte!

Die Rolle der Frau in der Heilsgeschichte

Mit großem Eifer und als ein tiefschürfender Künstler hatte Gott, der Herr, die ursprüngliche Pflanzung angelegt. Und so war das Paradies der Ort aller Lieblichkeit, herrlich gedeihend in der Grünkraft der Blüten. Die ganze Erde sollte zu einem einzigen Liebesgarten werden. Demut bereitet diesen »Garten der Liebe«, und die Stimmen der Freude ertönen in ihm.

Als Gott nämlich den Adam erschuf, da hatte Adam eine große Liebe in seinem Schlafe, den Gott über ihn sandte. »Und Gott gab der Liebe des Mannes Gestalt, und so ist die Frau die Liebe des Mannes« (CaCu 136, 18–20). Da war sie, die »unschuldige Eva«, von der Adam in aller Unschuld geträumt hatte. »Mit ihm sollte sie nun im Garten der Wonne weilen. Alle Menschenkinder trug sie leuchtend in ihrem Schoß« (Sc I, 2). Dies geschah dem Adam im Schlaf, einer Art mystischer Versenkung, wo der Liebesdrang in Adam so gewaltig wurde, daß seine Sehnsucht leibhaftige Antwort erhielt.

Damit ist das Wesen des Menschen – als Mann und als Frau – klar umrissen. Einer erfreut sich am anderen und kommt über und mit dem anderen zu seiner Selbstverwirklichung – in einem wahren Liebesleben, im Garten der Wonne. Im Geheimnis seines Geschlechts findet der Mensch auf dem Wege zur Heimat den Ort der Orientierung, das sublimste Heimweh, aber auch den feinsten Zug zur Heimat, die innigste Heimsuchung, aber auch – das Kreuz! Aber auch die Freude! Denn im Geschlecht des Menschen liegt die leibhaftige Mitte, die süßeste Einheit in allem Zwiespalt, ständige Probe und Bewährung zu Zeiten der Heimsuchungen, Zeichen für des Menschen Not und Seligkeit, Erinnerung an das Paradies wie auch Wegweiser zur ewigen Heimat. Im Heimweh brennt der Liebe Quell, der mündet in die seligen Wohnungen.

Schon hier deutet sich an, was dann im Kapitel »Schöpfung und Erlösung« transparent werden soll als das tragende Thema aller Heilsgeschichte. »In der Weise der Liebenden« sollte das Gespräch zwischen Schöpfer und Schöpfung geführt werden, im herzlichen »Gefühl des Einklangs«. Hat Gott doch sein Geschöpf dadurch geschmückt, daß er ihm in der Menschwerdung seine große Liebe geschenkt hat. Daß Gott Mensch wurde, das machte er so, »wie wohl auch der Bräutigam in seiner großen Freude seine Braut im Verlöbnis aufnimmt in das Liebesnest seines Herzens, um ihr dann in seiner großen Liebe alle Schätze zu schenken« (LVM IV, 32). Selbst in allem dienenden Verhalten der Kreatur steckt noch »ein Verlangen nach dem Kuß des Schöpfers. Und alle Welt empfing den Kuß ihres Schöpfers, da Gott ihr alles schenkte, was sie nur brauchte« (LVM V, 39).

Noch einmal kommt Hildegard auf die besondere Rolle der Frau in der Heilsgeschichte zu sprechen, wenn sie »die Weisheit« aus dem Munde Salomos verkünden läßt: »Ich aber, ich vergleiche die große Liebe des Schöpfers zu Seinem Geschöpf wie auch der Geschöpfe zum Schöpfer mit jener Liebe und Treue, mit der Gott den Mann und das Weib zu einem Bunde zusammengab, auf daß sie schöpferisch fruchtbar würden. Und wie die ganze Kreatur aus Gott hervorging, so hängt sie auch in ihrer Verbindlichkeit Gott an, und sie unternimmt nichts ohne Sein Geheiß. Auf dieselbe Weise schaut die Frau auf zu ihrem Manne, um seine Winke aufzugreifen, ganz nach beiderseitigem Gefallen. Und so zeigt sich auch ein besonderer Zug der Schöpfung zu ihrem Schöpfer, wenn sie Ihm in allem dient. Der Schöpfer aber ist mit Seiner Schöpfung im Bunde, wenn Er ihr die grünende Lebensfrische und die fruchtbare Lebenskraft schenkt. Ganz schwarz würde die Welt werden, wenn sie sich in irgendeiner Verpflichtung dem göttlichen Bund entziehen wollte. Wohlgestalt aber erblüht sie, solange sie in der rechten Verantwortlichkeit lebt. Nur so allein bleibt in jeder Lage das Leben geordnet, und es gedeiht ein guter Ruf, weil alle Bedürfnisse wohl durchdacht und recht befriedigt werden« (LVM V, 39).

Daher darf auch die Schöpfung in inniger Liebe zu ihrem Schöpfer reden wie zu einem Geliebten. Sie darf nach einem Ruheort am Ziel der Geschichte verlangen, nach einer Heimat, die Gott ihr am Ende der Zeiten aus seiner Fülle zu schenken gedenkt.

Im Licht der Jahreszeiten

Im Menschen hat Gott die ganze Natur vorgebildet. Und so hat er in ihm auch die Zeiten des Jahres geordnet, Vorzeichen auch für das Drama der Geschichte, das sich nun noch einmal zu erkennen gibt im Spiegel des Alltags. Es ist der Mensch, der mit dem Lauf der Natur und im Reigen der Monate sein Werk an der Welt konkret zu gestalten vermag. Mitten im Herzen der Schöpfung ruht ja die blühende Erde, die Heimat des Menschen und sein schöpferischer Lebensraum. Natur und Geschichte bestimmen das Wesen des Menschen und drängen im Zuge der Heilsgeschichte auf die Versöhnung von Schöpfer und Schöpfung.

Mit aller Natur gesättigt erscheint nun das Jahr als rundes Symbol für alles Geschehen: die Gestalt der Erde mit Wärme und Kälte, das steigende und fallende Licht, die Vielfalt der Farben mit ihrem Grundgrün, das gekocht wird zu goldener Reife, der Leib des Menschen mit seinen Organen, den Weltgliederungen entsprechend, die fünf Sinne der Seele, die der Welten Sinn erfassen und die Lesbarkeit der Welt vermitteln. Und alles das tritt uns nun so lebendig mit seinem geheimnisvollen Rhythmus vor Augen!

Alles im Rhythmus des Alltags braucht Symbole und Zeichen, sucht einen festen Stil, hat seine Ordnung in tagtäglichen Mahlzeiten wie im Wechsel von Schlafen und Wachen, von Bewegung und Ruhe. Und so stehen auch die Monate unter den Zeichen des Himmels, ausgerichtet auf den Lebenslauf mit Geburt und Aufzucht, mit Reifen und Krisen, mit dem Altern und Sterben.

Auf dem prachtvollen Tafelbild des Codex zu Lucca erkennt man den Pulsschlag des Lebens an der konkreten Reihenfolge der jahreszeitlichen Arbeiten: Bäume werden gefällt, der Boden bestellt, die reifen Früchte gepflückt. Es wird gejagt, Heu geerntet, das Korn geschnitten, die Ernte eingebracht. Dann ruht man aus, und man feiert.

Die Gezeiten erscheinen dabei nicht nach dem traditionellen Schema von Frühling, Sommer, Herbst und Winter; sie zeigen sich uns im polar gespannten Weltennetz der elementaren Qualitäten von »warm und trocken« und »kalt und naß«. Für die zärtliche Poesie des Frühlings und die verträumte Wehmut des Herbstes hätte Hildegard kein Verständnis aufgebracht. Auch kennt sie weder den Osterjubel noch die Pfingstwonnen, keine Maiandacht und keine

45. **Der Lebenskreis**
Inmitten der Schöpfung ruht die blühende Erde, die Heimat des Menschen und sein schöpferischer Lebenskreis. Im Umkreis der Natur erscheinen im Reigen der Monate die verschiedenen Wirkräume des Menschen während des reifenden Jahrs. Alles Tun des irdischen Menschen bleibt gehalten von einer großen kosmischen Korrespondenz und Konkordanz.
Liber Divinorum Operum, um 1240; Ms. 1942, Lucca, Biblioteca Statale.

Allerseelenstimmung und schon gar nicht die vorweihnachtliche Erwartung eines »Alle Jahre wieder«.

Die ersten Monate sind Sinnbild der Reinigung und Läuterung. So wacht das »Auge des Gewissens« darüber, daß der junge Mensch sich von allen Befleckungen freihalte. Die nächsten Monate zeigen des Menschen Auseinandersetzung mit den aufwachenden Kräften der Natur: den Sturm und Drang in der »Mitte der Jugend«. Der vierte Monat ist voller Lebensgrün und Wohlgeruch; sein Symbol ist die Nase, Organ des Kontaktes wie der Distanz, Symbol auch der Weisheit, die als »duftende Ordnung in allen Kunstwerken« ruht. Der Mai zeigt, wie – »dem Menschen zur Freude« – mit dem Sehen, dem »Sinn der Augen«, alles anschaulich und begreiflich, wie »das Herz des Menschen so froh« gemacht wird. Mit dem Sehen unterscheiden wir die Dinge mit jener Vernunft, die als »die Säule und das Mark der fünf Sinne« gilt. Die Sommermonate weisen hin auf die Reife der Natur wie auch auf die Wachheit des reifenden Menschen. Hier erweist sich das innere Hören als der Anfang der vernünftigen Seele; hier kommt der Mensch, als ein »Wesen der Auslese«, den Dingen erst auf den richtigen Geschmack. Mit der Sinnesqualität des Tastens schließlich erwirbt er ein konkretes Gespür für das Wesen aller Erscheinungen.

Von Monat zu Monat werden wir durch den Wandel der Zeiten geführt, durch die Wechselfälle der Natur, das Geschick des Menschen, um als Sinn des Jahreslaufs die Verschlüsselung aller Werke Gottes auf dieser Welt zu erfahren. Vertraut mit dem Sinn von Raum und Zeit, erleben wir staunend, wie sich der Aufbau des Jahres auf die Räume des Weltalls dehnt und wie die Abfolge der Geschichte in ihren gewaltigen Perioden wiederum einmündet in das Jahr des Heiles.

Im kosmischen Rhythmus sehen wir die Gezeiten aus den Jahreszeiten in die Monatsbilder fallen, über die Wochenkalender gleiten in die Stundenbücher, und mitten in diesem gewaltigen Zeitenlauf erscheinen sie dann, die Monate als Bilder einer rhythmischen Grundordnung: Orientierungshilfen in einem immerwährenden Kalendarium.

Als Gott dem Menschen ins Angesicht schaute, gefiel er Ihm sehr gut. Hatte Er ihn doch nach der Gewandung Seines Bildnisses und auf Verähnlichung mit sich hin geschaffen! Der Mensch sollte mit dem Instrumentarium seiner vernünftigen Sinne alle Wunderwerke Gottes verkündigen: Denn der Mensch ist das volle Werk Gottes. Gott wird vom Menschen erkannt, und um des Menschen willen hat Gott alle Geschöpfe erschaffen. Ihm hat Er gestattet, im Kuß der wahren Liebe durch seine Geistigkeit Gott zu preisen und zu loben.

Doch fehlte dem Menschen noch eine Hilfe, die ihm gleichkäme. So gab Gott ihm eine Gehilfin in der Gestalt der Frau, gleichsam eine Spiegelgestalt, in der das ganze Menschengeschlecht schon latent vorhanden war. Dies tat Gott in Seiner mannhaften Schöpfungskraft, so wie Er auch den ersten Mann in seiner gewaltigen Kraft hervorgebracht hatte.

Mann und Frau aber sind auf eine solche Weise miteinander verbunden, daß einer das Werk des anderen ist . Ohne die Frau könnte der Mann nicht Mann heißen, ohne Mann könnte die Frau nicht Frau genannt werden. So ist die Frau das Werk des Mannes, der Mann aber ein Anblick voller Trost für die Frau, und keiner vermöchte es hinfort, ohne den anderen zu leben. Der Mann ist dabei ein Hinweis auf die Gottheit, die Frau auf die Menschheit des Sohnes Gottes. Und so sitzt der Mensch als Frau und Mann auf dem Richterstuhle der Welt: Der Mensch beherrscht die ganze Schöpfung. Jedwede Kreatur steht unter seiner Zucht und in seinem Dienst. Denn er, der Mensch, ist mehr als alle Geschöpfe. (LDO IV, 100)

IV.
Natur-Kunde und Heil-Kunst

46. **Obsternte**
Bibel Wenzels IV. (1378–1419)
Cod. 2759, fol. 119
Wien, Österreichische Nationalbibliothek.

Umgang mit der Natur

Die Natur begegnet uns im Weltbild Hildegards in ihrer ganzen reifen Fülle: eine Welt voller Zeichen, die uns in Stein und Stern, mit Pflanze und Tier, über alle elementaren Kräfte und selbst noch im Wort unmittelbar zugesprochen sind. »Alle Elemente, sie dienten dem Menschen freiwillig, weil sie spürten, daß er das Leben habe. Sie kamen seinen Unternehmungen entgegen und wirkten zusammen mit ihm, wie auch er mit ihnen. Bei solchem gegenseitigen Bund gab die Erde ihre Lebensgrüne *(viriditas)*, je nach Art und Natur des Menschen wie auch entsprechend seiner Denkweise und seinem Lebenswandel« (PL 1125). Der Mensch ist gleichsam das lichtgrüne Herz der lebendigen Fülle der Natur; sein Herz ist das Tor in die Welt. Und so geht denn auch ein Weg vom Herzen aus zu allen Elementen, »mit denen der Mensch das in die Tat umsetzt, was in ihm lebendig ist« (CaCu 96, 10/11).

Alle Elemente der Welt mitsamt ihren Kräften in den Windsystemen und in den Sternenräumen werden »das Firmament« genannt. Es bildet das Festigende, den kosmischen Zusammenhalt, die Weltfeste. Dieses Weltgefüge ist nicht statisch zu denken, vielmehr in stetigem dynamischem Vollzug: im Feuer gefestigt, durch die Lüfte beweglich, mit dem Wasser durchtränkt, von den Sternen erleuchtet und mit den Winden gestützt. Jede dieser Weltsphären steht in einem inneren Verhältnis zu allen anderen und zum Ganzen; keine kann sich in ihrer Eigenart allein voll auswirken; jede bleibt unter einer Spannung und Anforderung und hat verantwortlich Rücksicht auf das Ganze zu nehmen. Die Welt ist ein universales Ordnungsgefüge, in dem alles einander Antwort gibt. Auf diese Weise besteht ein Zusammenhang zwischen allen Geschöpfen *(creatura per creaturam continetur)*. Die ganze Welt lebt in einer kosmischen Partnerschaft, wie auch der Mensch in einer soziologisch zu verstehenden Nachbarschaft zu leben hat.

So hat jeder Teil seinen rechten Kreislauf, und keiner überschreitet die Sphäre des anderen. So muß etwa der »reine Äther« dem tödlichen Nebel widerstehen, der vom »schwarzen Feuer« ausgeht, um alles Grün auf der Erde zu verbrennen und die Feuchte der Äcker auszutrocknen. So muß die »zarte Luft« durch den richtigen Ausgleich der Qualitäten, durch das »temperamentum«, die Erde fruchtbar machen. Und so muß selbst das äußerste »leuchtende Feuer« durch alle Sphären hindurchdringen, um den Glanz der Schönheit, der aller Natur eigen ist, mit seinem Lichtstrahl heranzutragen bis an das unscheinbarste Ding dieser Erde. Und wie der Glanz vom Feuer ausgeht, so erglänzt die Schönheit von Himmel und Erde aus den höchsten Geheimnissen des Feuers heraus. Ist doch Feuer nichts als die Materie des so schönen Glänzens!

Diese Welt aber, sie ist dem Menschen geradezu auf den Leib geschrieben. Alle Elemente der Welt sind ja für den Menschen geschaffen und bieten ihm ihre Dienste an. »Gott hat die Weltordnung begründet und mit den Elementen gefügt.

47. **Der Quell des Lebens**
In allen alten Hochkulturen war das Wasser Symbol des Lebens; im christlichen Abendland wurde es auch zum Sinnbild für das Heil. Die äußere Reinigung dient immer auch der inneren Heiligung. Der Mensch soll untertauchen in den geistlichen Fluß, in die Tiefe des Lebensbrunnens, aus dessen erfrischendem Quell die ganze Schöpfung zu ihrer schönsten Blüte kommt. Im Buch der Natur wird ein geschlossenes Weltwort laut, ein ganzes kosmisches Alphabet.
Evangeliar Karls des Großen (gen. Godescalc-Evangeliar), 781–783
Paris, Bibliothèque Nationale.

48. **Das Weltall**
Im Mittelpunkt der Schöpfung erscheint die Erde als Wohnung des Menschen. Das Weltall ist von Sternen erleuchtet, von den Planeten bestrahlt, von den Winden durchhaucht. Gehalten wird es von breiten Feuerzonen, Symbol für die alles umsorgende Liebe Gottes.
Liber Scivias, Kopie ehem. Rupertsberger Kodex, um 1180;
Abtei St. Hildegard, Eibingen.

Mit Glanz und Schönheit hat der Herr sein All geschmückt. Er hat es ausgefüllt mit dem Reichtum der Geschöpfe, dem Menschen zu Diensten« (LVM III, 26). Alles, was nur lebt auf dieser Erde, »hat einen Urtrieb nach liebender Umarmung. Die ganze Natur, sie steht dem Menschen zur Verfügung, und in ihrem liebenden Dienen legt sie ihm freudig ihre Güter ans Herz (LVM I, 17).

In dieser dienenden Ordnung und mit ihrem stützenden Maß zeigt sich der Sinn der gesamten Schöpfung. Jedes der Geschöpfe hat seinen Ort, erfüllt seine Funktion. Nichts leidet Mangel, nirgendwo erhält sich ein Unmaß, keinem steht ein Übermaß zu. Denn die Werke Gottes tragen ihren Maßstab in sich und leben aus einer einheitlichen Ordnung. Das ist der Sinn der Werke Gottes *(operatio Dei)*. Das eigentliche Werk aber in diesem Wirken Gottes ist der Mensch *(opus operis Dei)*. Daher müssen auch alle Weltgesetze und Naturkräfte auf den Menschen hin interpretiert werden. Der Kosmos trägt eine anthropozentrische Grundstruktur.

Und so gibt alles, was in Gottes Ordnung steht, einander Rede und Antwort: »Die Sterne funkeln vom Licht des Mondes, und der Mond leuchtet vom Feuer der Sonne. Jedes Ding dient einem Höheren, und nichts überschreitet sein Maß« (LVM II, 22). In dieser Ordnung lernt man, Gott wirklich zu sehen, wie auch Gott uns wirklich in allen diesen Dingen erwartet. Die ganze Welt sollte dem Menschen anheimgegeben werden, auf daß er mit ihren elementaren Kräften wirke, wie ja auch der Mensch nicht leben und bestehen könnte ohne das elementare Gefüge der Natur (LDO II, 2). »Und so ist der Mensch alles in allem das volle Werk Gottes *(plenum opus Dei)*. Er allein kennt und kontrolliert die irdischen Belange, und im Spiegel des Glaubens weiß er vom Himmlischen« (LDO IV, 92).

Gott selber, der »Baumeister der Welt«, gab seinem Werk, dem Menschen, die Möglichkeit, »seine eigenen Taten zu wirken, auf daß er mittels der Erde und des Wassers, über die Luft und das Feuer, aus denen er auch selber besteht, all seine Werke zur Vollendung brächte« (LVM VI, 59). Und so gibt es denn auch auf der ganzen Welt »kein Geschöpf, das nicht irgendeine Strahlung in sich hätte, sei es das Grüne oder der Samen, die Blüten oder die Schönheit, sonst wäre es kein Geschöpf« (LDO IV, 11). Im Schön-Sein spiegelt sich die eigentliche Wahrheit der Dinge auf dieser Welt. Auch das ist einer der Grundgedanken dieser so durch und durch optimistischen Weltanschauung!

Selbst in der schon abgestorbenen Natur erschaut die Seherin noch die geheime Werkstatt des Schöpferischen, in der alles voller Bereitschaft wartet und in kreativer Kraft lebendig webt und wirkt. Wie der Sommer blühendes, reifendes Wachsein ist, so ist der Winter ruhender, kräftespeichernder Schlaf. Und wie der Schlaf, so ist auch der Winter keine tote, vielmehr die eigentlich aktive Phase. Im Winter wird alle Sonnenglut nur ins Innere und Intime genommen, wie auch im Schlaf das Mark durchgekocht und intensiviert wird, damit es dem neuen Tag frische Kraft verleihe. Das alles ist recht sinnvoll und so schön, sagt Hildegard: »Die Täler grünen und blühen bald vom Tau des Himmels und der Sonnenwärme, bald dörren sie aus und welken im Wechsel der stürmischen Zeiten.« Gleichwohl hat Gott, der Herr, auch diese Täler, die zuweilen ihre Schönheit verlieren, nicht vergessen, so daß sie bald schon wieder in ihrer Schönheit auferstehen können (PL 368 C).

In diesem Bild von der Natur spürt man noch die ursprüngliche Pflanzung: Gottes Gegenwärtigkeit in der Schöpfung, jenen blühenden »Garten, in welchem der Herr Seine Augen weidet«. Augenweide ist die Schöpfung auch dem aufstaunenden Menschen, der im Buch der Natur liest, alles Zeichenhafte *(vestigia)* versteht, sich

49. **Das Weltall mit seinen vier Elementen und den vier Windkräften**
Cod. 2582, f. 237r
Wien, Österreichische National-bibliothek.

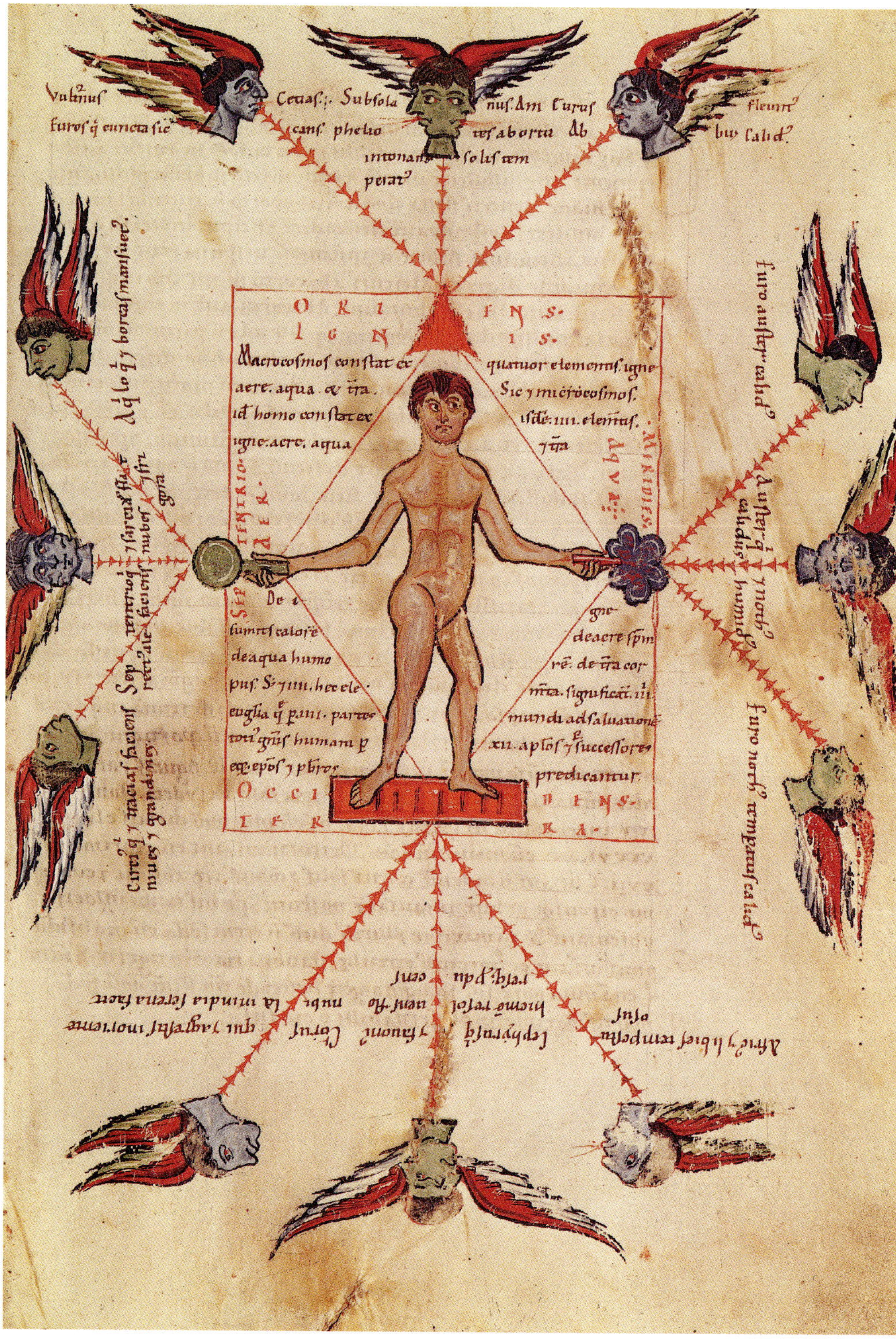

50. **Der Mensch als Mikrokosmos mit vier Elementen und den Winden**
Prüfening, 3. Viertel 12. Jh.

Astronomische Traktate,
Cod. 12600, fol. 29r
Wien, Österreichische
Nationalbibliothek.

mit allen Dingen bespricht, so wie er selbst angesprochen wird, aber auch jene dem Menschen anvertraute Natur, die das Schicksal des gefallenen Menschen teilt, seine Traurigkeit wehklagend demonstriert und seine Hoffnung vorbringt, wieder heimgeholt zu werden zum Schöpfer des Alls. Denn Wohnung Gottes in der Schöpfung zu sein, das ist der geistige Sinn der Natur.

Seit dem Fall des ersten Menschen freilich ist unser so vertrauter wie vernünftiger und gesunder Umgang mit der Natur gestört. Der Mensch führt jetzt eine Existenz der Sorge und der Angst. Er kränkt sich und macht und wird krank, indem er sein Werk verwirkt und am Worte versagt. Er ist an seiner ursprünglichen Mission gescheitert und zum Aufrührer *(homo rebellis)* in der Schöpfung geworden.

In seiner Verfallenheit und Verfremdung brachte er auch die Natur da draußen in Verwirrung und versetzte das Gefälle der Zeit in eine unheilvolle Bewegung. Die kosmische Katastrophe setzte ein: Das Firmament begann sich zu drehen, um die besudelten Elemente zu reinigen. Seitdem dreht sich die Zeit, stürzt zum Ende hin, hin auch zu einer endgültigen Erlösung im Zuge der Geschichte zum Heile der Welt, zur Erlösung einer immerzu seufzenden Natur. »Würde der Mensch sich nach seiner ursprünglichen Bestimmung *(constitutio prima)* verhalten, dann würden auch alle Zeiten und Klimata des Jahres gleich bleiben. Ein Frühling käme wie der andere, und in diesem Sommer würde es so sein wie im vergangenen und so fort. Weil aber der Mensch sich in seinem Ungehorsam sowohl über die Furcht als auch über die Liebe Gottes hinwegsetzt, überschreiten die Elemente wie auch die Gezeiten ihre Grenzen« (CaCu 17, 21–27).

Die Elemente schreien auf, »und sie klagen mit der übrigen Schöpfung über den Menschen, dessen so unbedeutende Natur *(vilis natura)* in ihrer so kurzen Lebensfrist Gott gegenüber so aufrührerisch *(rebellis)* ist, während die Geschöpfe selber doch immer nur in Ehrfurcht Gottes Gebote erfüllen. Daher schreien sie, die Elemente, so furchtbar auf über den Menschen und erheben ihre Klagen in Furcht und Schrecken« (Sc III, 5).

Wie mit einem wilden Schrei läßt sich die erschütternde »Klage der Elemente« *(querela elementorum)* wie folgt vernehmen: »Wir können nicht mehr laufen und unsere natürliche Bahn vollenden. Denn die Menschen kehren uns um wie in einer Mühle, von unterst zu oberst. Wir, die Elemente – die Lüfte, die Wasser –, wir stinken schon wie die Pest; wir vergehen vor Hunger nach einem gerechten Ausgleich« (LVM III, 2).

Ihnen antwortet der »Mann Gottes« *(Vir Deus)*: »Mit Meinem Besen will Ich euch reinigen, und die Menschen so lange heimsuchen, bis sie umkehren. Noch aber sind alle Winde voll vom Moder, und die Luft speit so viel Schmutz aus, daß die Menschen kaum noch wagen, ihren Mund aufzumachen.« Er, der Mensch, hat sich versündigt gegen die Erde, die sein Blut getrunken; »er hat die Luft verpestet und das Licht getrübt mit all diesem Weltgestank *(foeditas et pestilentia)*.« Wie die Schöpfung als Ganzes berufen war, dem Menschen zu dienen, steht sie nun auch ganz und gar quer zu ihm, in Opposition, in der Rebellion einer Natur im Notstand, im Aufstand all der Dinge da draußen; sie wird mit hineingerissen in der Menschen Unrastigkeit *(inquietudo)* und läßt schreckliche Dinge *(horribiles terrores)* an den Tag treten (LVM III, 43).

Im Urstand *(constitutio)* hatte Gott den Menschen als eine heile Erde gepflanzt. In dieser Welt als seiner Heimat sollte er die Freude des Lebens *(vita laeta)* genießen. Durch seinen Fall *(destitutio)* wurde der Mensch entstellt; er liegt nun quer zur Welt, entwurzelt und gespalten. Voller Heimweh irrt der Mensch durch die schöne Natur. Von

51. **Der Sündenfall**
Der gefallene Mensch liegt quer zur Schöpfung und öffnet sein Ohr den Mächten der Finsternis. Aus seiner Seite geht – als eine weiße Wolke, in ihrem Schoß das ganze Menschengeschlecht gleich Sternen tragend – Eva hervor. Die vier Elemente, an den Ecken der Bildtafel, geraten in unheilvolle Verwirrung. Gleichwohl bleibt der Paradiesgarten mit seinen Bäumen und Kräutern den Menschen nicht verschlossen.
Liber Scivias, Kopie ehem. Rupertsberger Kodex, um 1180;
Abtei St. Hildegard, Eibingen.

Gott in Gnaden heimgesucht und durch Gottes Güte wiederhergestellt, baut der Mensch nun eifrig an der neuen Welt *(restitutio)*, um endlich mit seiner voller leibhaften Existenz aus der Fülle der Freuden in Gottes Liebe zu wohnen. Ist doch die Liebe die »Burg Seiner Geheimnisse«!

Es bleibt uns im Umgang mit der Natur die Hoffnung auf Heil, trägt doch die Natur als solche schon göttliches Gepräge. Gott ist hier nicht der Ganz-Andere, das kalte Schicksal, das Natur-Gesetz, ein Fatum. Die Welt erhält Stimme; der Mensch hat Vernunft; sein Geist wird zum Organ für das Heile. Gott wohnt noch immer bei uns durch das Wort, das im Anfang schon war, das Mensch wurde in unserer Zeit, das uns heimholen will zur seligen Hochzeit.

Die Natur – das ist immer noch die schöne, große, gewaltige Welt mit allen Pflanzen und Tieren, eine Welt, im Ursprung geweiht und heilig, durch des Menschen Fall ins Unheil verstrickt, mit ihm aber auch berufen zum Wohnen in einem verklärten Kosmos. Einer solchen sinnengesättigten Bild-Welt steht der Mensch offen gegenüber. Schuf Gott doch alle Kreaturen für das Verständnis des Menschen (LDO V, 34), für ein Lesen des Geistes im Buch der Natur. Die Natur ward uns vertraut; wir verständigen uns in ihr. In allem Dinghaften da draußen erfahren wir die gleichen Geheimnisse wie in unserem persönlichen Schicksal hier drinnen. Es ist immer die eine Wirklichkeit, die so reiche Natur, die ganze Welt, die unserer Existenzerhellung zu dienen hat.

Vom Walten der Elemente im Menschen

Feuer, Erde, Wasser, Luft: Diese vier Elemente befinden sich mitten im Menschen, und aus ihnen hat er seinen inneren Bestand: »Vom Feuer besitzt er die Wärme, von der Luft den Atem, aus dem Wasser sein Blut und aus der Erde die festen Gewebe.« Oder, um einen anderen Vergleich zu nehmen: »Vom Feuer hat er das Sehen, durch die Luft das Hören, aus dem Wasser die Beweglichkeit und durch die Erde seinen festen Gang. Und in aller Welt herrscht üppiges Gedeihen, wenn die Elemente ordnungsgemäß ihre Aufgaben erfüllen, so daß Wärme, Tau und Regen je für sich und nicht zuviel und alles zu seiner Zeit herniedersteigen, um die Erde und ihre Früchte zu temperieren, so daß sie die Fülle der Fruchtbarkeit und der Gesundheit garantieren« (CaCu 49/50).

Dieses so elementare Körperschema steht in unmittelbarem Bezug zu den Weltkräften und findet seine Entsprechung im Sinneshaushalt wie im Gnadenleben. So gleichen die Füße den Flüssen: Sie tragen den Menschen durch den Kreislauf seines Daseins. So gleicht die Nase den Luftzonen: Sie symbolisiert die Ordnung der Natur wie der Kultur; als Organ der Weisheit dient sie der Orientierung wie auch der Distanzierung. So wird auch der Weltenraum als ein Riesenmagen angesehen, wobei beide wiederum unsere existentielle Weltverbundenheit bekunden.

Hildegard bringt ein weiteres, ein überraschend einfaches Orientierungsbild, wenn sie auf die vier Elemente zurückgreift und diese wiederum mit den Tugendkräften in Verbindung bringt. Da ist zunächst die Erde, die alles Keimen im Keim in sich trägt und alle Blüten im Grünen. Sie bildet sozusagen die Blüte und Schönheit von Gottes männlichem Vermögen, da seine Manneskraft mit allem Irdischen geschmückt wird (LVM IV, 28). Die Potenz dieses »Vir Deus« wird durch die Erde verherrlicht, weil diese das Material bildet für Gottes Werk am Menschen, der wiederum die Materie ist für die Menschwerdung des Gottessohnes (LVM IV, 29).

Die Kräfte der Erde manifestieren sich im menschlichen Organismus auf vielfache Weise: im Wachstum als Grünkraft *(viriditas)*, im Abnehmen als Welkvermögen *(ariditas)*, bei der Zeugung als Produktionsfähigkeit *(vivificatio)* und in der verbindlichen Kooperation aller Organe als eine besonders enge Mitleidenschaft *(compassio)* mit dem Menschen. Über all diesen so erdverbundenen Bildern von Himmel und Erde, Leib und Seele, Mann und Frau macht Hildegard dann auch das letzte Geheimnis dieser Erde, das Mysterium der so lichten Dichtung dieser Welt, offenkundig, wenn sie schreibt: »Alle Formen irdischer Geschöpflichkeit, sie sind aus der Erde gestaltet. Denn diese mütterliche Erde *(materna terra)* ist der Grundstoff *(materia)* des Werkes Gottes für den Menschen, die Menschwerdung nämlich des Sohnes Gottes« (LVM IV, 1).

Auch vom Feuer wird der Mensch unterhalten. In seiner feurigen Substanz ist er »gleichsam das Licht der übrigen Schöpfung, eine Lichtquelle für alles, was mit ihm auf Erden lebt« (LDO IV, 17). Dieser Feuer-Geist schenkt uns alle Güter, erweckt alle Güte, entzündet alles Gute. Hier ist das Fundament, auf dem die Heiligkeit ihren Bau über die Luft in die Höhe führt. Der milde Lufthauch grünender Lebensfrische treibt die Sehnsucht hoch nach der Speise des Lebens (LVM VI, 21/22).

Mit den vieltausendfältigen Kräften des Wassers endlich gibt der Geist Wärme, löst das Geronnene der Sünde, läßt im Überströmen der Wahrheit alle Dinge auf das Geistliche zuströmen, macht die so spröden Satzungen flüssig und »gießt durch die Grünkraft innigsten Seufzens den Saft der Zerknirschung in der Menschen verhärtetes Herz«. Mit den Vögeln steigt der Mensch in die Luft auf, in den Wassern des Glaubens schwimmt er wie ein Fisch, mit den Tieren des Feldes geht er auf die Weide, mit den Kriechtieren selbst noch kriecht er auf der Spur der Demut – und mit aller Schöpfung ist er immer nur auf dem Wege zu größerer Heiligkeit (LVM VI, 23).

»Von der Grünheit gehen die Blüten aus und von der Blüte die Frucht. Wolken ziehen ihre Bahn. Mond und Sterne flammen in Feuerkraft. Dürres Holz läßt durch die Grünkraft wieder Blüten sprießen. Alle Kreatur hat Sichtbares und Unsichtbares an sich. Was man sieht, ist nur schwacher Schatten; mächtig lebensstark ist das Unsichtbare. Danach sucht die Wissenschaft des Menschen« (PL 171 A).

Hat doch der Mensch allein das Wissen um das Wort, welches die Vernunft ist. Gottes Wort wird vernommen in aller Welt und erhält lebendige Antwort. Der Geist geht aus, grünt und bringt Frucht. Das ist das Leben!

52. **Die Elemente in ihrer Ordnung**
Detail aus »Die Erlösung«
Liber Scivias, Kopie ehem. Rupertsberger Kodex, um 1180;
Abtei St. Hildegard, Eibingen.

Krankheit und Gesundheit

Die mittelalterliche Medizin hat aus dem Geiste der »Regula Benedicti« ein halbes Jahrtausend lang die abendländische Welt zu informieren gewußt und zu kurieren verstanden. Sie hat dabei keine eigene Fachliteratur geschaffen, keine chirurgischen Techniken geliefert, keine Akademien ins Leben gerufen. Sie hat keine großen Ärzte zu feiern. Aber sie hat uns genau das überliefert, was der modernen Heiltechnik bei all ihren Errungenschaften am empfindlichsten fehlt: ein Bild des gesunden und kranken Menschen, die konkreten Wege zu gesunder Lebensführung, eine Kunde auch von des Menschen Heilung und von seinem Heil. Eine faszinierende Zeugin für diese Art von Heilkunst ist die Ärztin Hildegard.

Zwischen 1150 und 1160 entstanden ihre naturkundlichen und medizinischen Schriften, die offensichtlich Kompilationen aus volkskundlichen Erfahrungen, antiker Überlieferung und benediktinischer Tradition darstellen. Das nicht erhaltene Originalwerk trug den Titel »Das Buch von den Geheimnissen der verschiedenen Naturen der Geschöpfe« *(Liber subtilitatum diversarum naturarum creaturarum).* Es wurde bereits im 13. Jahrhundert aufgeteilt in »Physica« und »Causae et curae«. Während die »Physica« eine für den Volksgebrauch bestimmte Naturkunde und Heilmittellehre darstellt, verbindet »Causae et curae« die antike Kosmologie und Humoralpathologie mit der christlichen Schöpfungs- und Erlösungslehre.

Die Handschriften der »Physica« wurden erst 150 bis 300 Jahre nach der Niederschrift des verlorengegangenen Originaltextes zusammengestellt. Große Teile wurden erst im Laufe der Zeit hinzugefügt, andere weggelassen oder gekürzt; zahlreiche Texte müssen aufgrund innerer wie äußerer Kriterien als unecht angesehen werden. Was mit seinen rund 2.000 Rezepten überliefert wurde, behält einen hohen Rang in der Geschichte der Medizin und der Pharmazie, läßt sich aber nicht ohne weiteres in das Repertoire einer modernen Apotheke oder in die Sprechstunde des Arztes übertragen.

Zur Begründung ihrer »Heilkunde« geht Hildegard bis auf die Erschaffung der Welt zurück, um die besondere Stellung des Menschen im Kosmos und seine Heilsbestimmung zu betonen. Da heißt es: »Gott ist vor der Erschaffung der Welt gewesen, ohne Anfang; denn Er ist. Er ist das Licht und alle Herrlichkeit gewesen und ist es immerdar. Immer ist Er das Leben gewesen. Als dann Gott die Welt zu erschaffen gedachte, brauchte Er nichts weiteres dazu; denn schon in Seinem Wollen war der ganze Weltstoff vorhanden. Als nämlich Gottes Wille aus sich herausging, um die ganze Wirklichkeit zu erschaffen, da trat aus dem Wollen selbst, und wie Gott es wollte, der Stoff der Welt heraus, noch ungeformt und wie ein dunkler Klumpen. Und das Wort des Vaters erscholl: Es werde Licht! Da war alles Licht und die Welt voll leuchtender Wesen« (CaCu 1, 1–8).

Mit Adams Fall aber begann die Nacht ihre Herrschaft: Alle Materie wurde in eine rätselhafte Dunkelheit gehüllt. Die Welt trägt nur noch

53. **Adam,**
der schöne Mensch im Garten der Wonne, bekommt den Duft des göttlichen Schöpfungswerkes zu spüren, aber er ergreift nicht die schöne Welt und vermag sie noch nicht zu gestalten. Er nimmt das schöpferische Angebot nicht wahr und verfällt den Mächten der Versuchung.

Detail aus »Schöpfung und Erlösung«
Liber Scivias, Kopie ehem. Rupertsberger Kodex, um 1180;
Abtei St. Hildegard, Eibingen.

eine verfremdete Existenz vor. Adam selbst wurde ins Exil geschickt, in eine elende Verbannung. Unter Tränen klagte er nun in der Fremde über seine Verfremdung: »Ich muß nun anders zu leben versuchen, als es mir eigentlich zugedacht war.« Und er begann zu arbeiten. Im Schweiße seines Angesichts begab er sich an das so mühselige Werk an dieser so widerspenstigen Welt (LVM III, 3).

Die »Ehre des Paradieses« hat Adam verloren. Er muß nun – »geschwächt und verunstaltet« – wieder lernen, »wie er die Verunstaltung, welche ihm die Laster im Sehen, Hören, Riechen und Schmecken zufügen, wieder losbekomme« (LVM IV, 96). Der Mensch als Ganzes ist ja umgewandelt worden *(totus mutatus)*; alles unterliegt jetzt dem Verfall und einer krankhaften Verformung *(destitutio)*. Krankheit ist eben kein Prozeß, sondern eine Ermangelung und Verfehlung im Wesen selbst und damit auch ein existentielles Defizit. Das »lumen corporis« ist erloschen, das so wunderbare Licht des Leibes. Erst war er ganz und gar Licht, unser Leib, in einem Leuchten, wie es uns auch heute noch manchmal so vertraulich begegnen kann in einem einzigen Augen-Blick.

Nicht mit großen Worten will die Ärztin Hildegard uns klarmachen, was wohl der Mensch an sich sei; sie will uns einfach sagen, wer er ist (in seiner ursprünglichen »constitutio«), wo er jetzt zu suchen sei (in der Situation seiner »destitutio«) und wie er einmal wieder heil sein wird (in seiner jetzt schon zu erstrebenden und im Heilswerk aufleuchtenden »restitutio«). So nun sieht es jetzt aus, unser befristetes Leben. So hat der Mensch hier und heute zu leben. Damit muß er auskommen. Das hat er einzusehen. So soll er sich verhalten. Dies ist nun einmal die Lage. Das ist er, der Mensch!

Vor diesem spirituellen Hintergrund lassen sich nun auch die Strukturen und Funktionen unserer leibhaftigen Organisation verstehen. Solange die Elementarkräfte im Organismus ihre geordneten Aufgaben durchführen, garantieren sie uns die Gesundheit. Sobald sie aber von dieser Funktionsweise abweichen *(discordant)*, machen sie uns krank und führen zum Tode. Das Säftesystem ist dann kraft seiner elementaren Vielschichtigkeit in eine oft dramatische Verwirrung geraten, was im einzelnen an somatischen Erkrankungen wie auch an psychischen Entgleisungen exemplifiziert wird (CaCu 50/51).

Nur in Andeutungen freilich zeigt Hildegards Theorie der Medizin jene klare Strukturierung, wie sie zu ihren Lebzeiten bereits die scholastische Medizin – gespeist aus griechischen und arabischen Quellen – gewinnen sollte. Nach dieser klassischen Wissenschaftssystematik befaßt sich die Heilkunde in ihrer Theorie mit Logik, Physik und Ethik, in der Praxis mit Diätetik, Pharmazeutik und Chirurgie. Gegenstände der Medizin sind die Naturkunde *(res naturales)*, eine Krankheitslehre *(res contra naturam)* und die Lebenskunde *(res non naturales)*. In strenger Rangordnung nur durften die »pharmaka« (was ja »Gift« wie »Arznei« bedeutet) verordnet werden: die Chirurgie ganz zuletzt, davor der Arzneimittelschatz, zu Beginn aber und grundsätzlich der ärztliche Rat, die alle Therapie begründende und begleitende Diätetik.

Mitten in der gebrechlichen und labilen Schöpfung kommt nun Gottes heilende Kraft dem Menschen immer wieder zu Hilfe. Alle die edlen Kräuter und die kostbaren Pulver wie auch die Gewürze aus seltenen Pflanzen, sie alle sollen mit Umsicht *(discrete)* und mit Verstand *(rationabili necessitate)* angebracht werden. Neben den Heiltränken und Krankenweinen beschränkte sich die Chirurgie damals lediglich auf Erste Hilfe, auf das Schröpfen und jenen Aderlaß, der als regelmäßige Blutminderung oder bei bestimmten Krankheiten gedacht war.

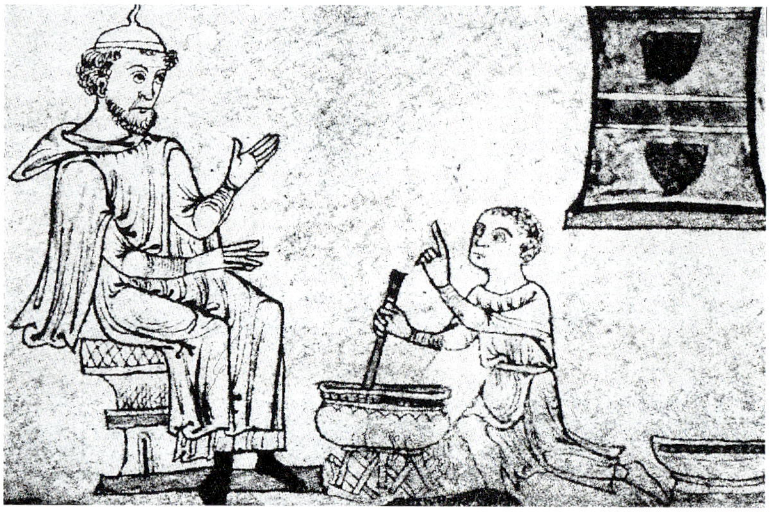

54. **Herstellung von Pflastern und Salben**
Chirurgia Rogerii
Cod. lat. O I 20
Cambridge,
Trinity College.

55. **Homo patiens**
Eine mittelalterliche Buchillustration zum »Buch Hiob« versinnbildlicht die dramatische Eingeflochtenheit des irdischen Menschen in seiner pathischen Existenz.
Incipit liber Iob, ca. 1150; Oxford, Bodleian Library.

56. **Heilung eines Besessenen**
Evangeliar Ottos III.
Reichenau, Ende 10. Jh.
Cod. lat. ms. 4453
München, Bayerische
Staatsbibliothek.

In Hildegards Lebensbeschreibung berichtet der Chronist von dem dramatischen Fall einer besessenen Frau Sigewiza aus Brauweiler bei Köln, die vergeblich mit dem Exorzismus – der rituellen Austreibung dämonischer Mächte – behandelt worden war. Hildegard nimmt sich auf Wunsch des Abtes Gedolph von Brauweiler des Falles an und nimmt die geistesgestörte Frau – zum Entsetzen ihrer Mitschwester – in ihre klösterliche Gemeinschaft auf. Sie beginnt alsdann eine Art von »Gemeinschaftstherapie«: durch räumliches Dabeibleiben, durch das Mitdenken und Mitleiden mit der Kranken, durch Almosen und Gebete seitens der Gemeinde, vor allem aber durch beständige Gespräche der Äbtissin Hildegardis mit der verwirrten Frau, die schließlich geheilt wird (V 91–118). »An der Besessenen haben wir viel Wunderbares erlebt«, berichtet Hildegard dem Erzbischof Arnold von Trier: »Wir haben erkannt, daß der diabolische Anhauch von Tag zu Tag bis zu seinem endgültigen Rückzug dahinschwand. Und so ist diese Frau von ihren Qualen erlöst worden. Sie hat die vollen Kräfte des Leibes und der Seele wiedererlangt und erfreut sich bester Gesundheit« (Bw 53/54).

Zur Heilmittellehre

Eine komplette Heilmittellehre *(ratio sanationis)* bringen auch die »Causae et curae«. Nach nüchternen pharmazeutischen Kriterien werden die Aufkochungen und Umschläge, all die Räucherungen und Spülungen, die Pulver und Pillen, alle Arten der Zubereitungen und Zugaben eingehend beschrieben. So gibt es von der Ameise *(formica)* die verschiedensten Rezepte: Ein Ameisenbad soll gegen die Gicht helfen, eine Ameisensalbe bei der Lepra. Fühlt einer sich bedrückt im Geiste, dann nehme er ein Tuch mit Ameisen, lege es so lange auf sein Herz, bis er in Schweiß gerät; er wird dann bald wieder einen leichten Geist *(suavis mens)* haben und fröhlich *(laetus)* sein; mit aufgewecktem Verstande *(bonus intellectus)* mag er sich wiederum seinen Geschäften widmen (PL 1338 A). Und so hält Hildegard auch den Dinkel *(spelta)* für das beste Getreide, weil er milder sei als andere Getreidearten. Der Dinkel »macht frohen Sinn und bringt Freude ins Gemüt des Menschen« (PL 1131 C/D).

Alles in allem aber geht es in Hildegards Heilkunde weniger um eine therapeutische Korrektur *(restitutio ad integrum)* als um die Hinwendung zu sinnvoller Lebensführung *(restitutio ad integritatem)*. Hier sind denn auch weniger die Heilmittel angesprochen als die Heilkräfte: heilsame Kräfte im Wort, in der Musik, in der persönlichen Zuwendung zum Kranken. »Denn« – so wendet sich Hildegard recht energisch gegen die banalen »Salbenmischer« – »wie könnt ihr Heilmittel verabreichen, ohne eure Tugend dazuzutun!«

Mit diesen Kriterien fällt in grundsätzlicher Weise Licht auf die mittelalterliche Physiologie und Pathologie. Krankheit kann hier einfach nicht als Prozeß beschrieben werden; sie wird verstanden als ein Unterbleiben und Verfehlen, während eine schöpferische Leistung nur der Gesundheit zugesprochen werden kann, jenem Gesundsein, das aus dem lichten Grün der Natur *(viriditas)* seine kreative Kraft zieht.

Was Hildegards Heilkunde auszeichnet, ist die gelungene Synthese der antiken »techne therapeutike« mit dem christlichen Geist der »humanitas« und der »misericordia«, zwei Bereichen, die hier in der Blüte des hohen Mittelalters ein so elegantes Bündnis eingehen. Das Ethos des Arztes liegt denn auch gar nicht im Sanieren, im Heilmachen um jeden Preis, sondern in jener »misericordia«, die einer für den anderen aufzubringen bereit ist. Barmherzigkeit wendet sich ja immer hin zum anderen Menschen *(flectens se ad hominem)*; sie leidet mit den Elenden *(miseriis compatiens)*. Sie verhält sich wie der Samariter *(imitans Samaritanum)*; sie verkörpert einfach die Mitmenschlichkeit *(cooperiens hominem)* (Sc III, 3).

In dieser mitmenschlichen Verbindlichkeit erst bekommt der Kranke als Mensch sein eigentliches Profil, sein Humanum. Dem Armen und Kranken gehört unsere Zuwendung, sagt Hildegard, »weil er als Mensch unser Bruder ist«. Der Kranke ist Gott näher, weil dieser seiner Not einen Sinn geben kann. Auch ihre eigene pathische Grundverfassung hat die Seherin immer nur so zu deuten vermocht, wenn sie bekennt: »Ich armes Gebilde, dem es an Gesundheit, Kraft, Stärke und Bildung mangelt«, ich bin »ein Schatten nur von Lebenskraft und Gesundheit«, wahrhaftig ein »homo patiens«, dem aber »Christus Medicus« begegnet ist, der Arzt für alles Siechtum, jener große Arzt, »der die Wachen erregt, die Schlafenden rüttelt und diejenigen ins Nichts fallen läßt, welche im Bösen verharren«.

»Ich bin« – so Christus – »der große Arzt für alle Krankheiten, und ich handle wie ein Doktor, der einen Kranken sieht, der so sehr nach einer Medizin verlangt« (Sc I, 3). Alle, die Gott berufen hat, Menschen zu führen, zu betreuen, zu heilen, haben daher in Christus ihr Vorbild. Ihn müssen sie nachahmen mit den Tugenden der Umsicht *(discretio)*, der Barmherzigkeit *(misericordia)* und der Gerechtigkeit *(justitia)*. Denn für die Gerechtigkeit sind alle Werke Gottes eine einzigartige »symphonia«, ein einziger Lobgesang (LVM IV, 3).

Urstand im Grünen

Die kreative Grundkraft des aufquellenden Lebens bezeichnet Hildegard von Bingen als »Grünheit«. Diese strahlend-grüne Lebenskraft *(viriditas)* leuchtet auf in den Weltstrukturen wie im Säftestrom des eigenen Organismus *(fulgens in opere hominis)* und zwingt damit die biologischen wie die kosmischen Mächte in eine ethische Verbindlichkeit. Aus lichtem Grün sind Himmel und Erde und alle Schönheit dieser Welt geschaffen.

Das Grün *(viriditas)* wird zunächst sehr natürlich erlebt und ganz elementar aufgefaßt als das Grünen und Blühen in der Natur da draußen. Hier erfahren wir einfach, was Wachsen und Werden, was Sprießen und Gedeihen bedeuten kann: kraftvolles gesundes Leben, Urstand im Grünen. In der so weiten, so schönen Natur begegnet uns all das Grünen in Halm und Blatt, ein Grün, das den vier Elementen entstammt, der Erde und dem Feuer, dem Wasser und der Luft, und das durch die vier Qualitäten unterhalten wird: durch das Trockene und das Feuchte, durch das Kalte und die Wärme. Dieses Grün lebt in der Flamme, schillert in den Gewässern, durchfeuchtet den Stein und weht besonders erfrischend in jener Luft, aus welcher »die Gräser in der Morgenfrühe ihre Grüne so gierig trinken wie ein Lamm seine Milch« (PL 1249 B). Grün ist gezeugtes Licht, das im Feuer der Sonne alle Dinge dieser Welt in ihrer so farbigen Erscheinung durchkocht zu goldener Reife.

Als ein Gleichnis dafür mag der Baum dienen: Was der Saft im Baume ist, das ist die Seele im Körper. Ihre Kräfte vermag sie zu entfalten wie der Baum seine Gestaltung. Die Erkenntnis *(intellectus)* gleicht dabei dem Grün der Zweige und Blätter, der Wille *(voluntas)* den Blüten; das Gemüt *(animus)* ist wie die aufkeimende, die Vernunft *(ratio)* wie die ausgereifte Frucht. Der Sinn *(sensus)* endlich gleicht der Ausdehnung der Baumgestalt in die Höhe und Breite. Und so ist die Seele »der innere Halt und die gestaltende Trägerin des Leibes« (Sc I, 4).

Nicht nur das Fleisch und das Blut sind daher grün, sondern auch alles, was wir als »Seele« umschreiben, als die grünende Kraft des Leibes. Im Grün ihres Blutes wird die Frau fruchtbar, wird ihr lebenssprießender Quellgrund sichtbar *(viriditas floriditatis feminae)*. Dieses Grün ist aber auch nur ein Spiegelbild für jene lebensfrische Urkraft, die im Grunde der Ewigkeit eingeborgen ruht. Aus der natürlichen Ordnung schwingt sich dieses lichtgrüne Spektrum in wachsender Dichte in das Feuer des ewigen Lebens, aus dessen grünem Mysterium es niederträufelt in die Keimkräfte des Kosmos, in die Grünkraft der Generationen, in die »milde Grüne« der Inkarnation.

»Es gibt eine Kraft aus der Ewigkeit«, sagt die Seherin, »und diese Kraft ist grün!« An Abraham war sie mächtig; er war der Vater aller Potenz. In Christus brach sie durch, als er mit der Kraft eines Löwen den Himmel durchbrach, um im grünen Schoße der Jungfrau Fleisch zu werden. Maria heißt daher die »viridissima virgo«. Aus ihrem lichten Schoße kam das Heil in die Welt. Sie ist »die lichte Mutter der heiligen Heilkunst« *(mater sanctae medicinae)*, da sie der »integritas« vermählt ward: dem heilen Ganzen, dem ganz und gar Heilen.

Das Bild der »viriditas« darf daher als ein besonders einleuchtendes Prinzip jener Naturkraft gelten, die immer nur aus ist auf Heilung und Heil. Und so wird auch die Liebe ein Hauch aus jener Grünkraft genannt, die alle Lebensgrüne nährt. Der Heilige Geist schenkt dem Menschen jenen grünen und offenen Raum, aus dem heraus er bereit ist, Antwort zu geben im Wort und sich in freier Entscheidung hinzugeben dem Werk. Dieser Geist macht die Welt rein; alle Schuld wird getilgt; jeder Schmerz wird geheilt. Es braust und zündet dieser Geist durch unsere so verfremdete Wirklichkeit und will in aller Geschichte nur die grünende Antwort.

Keine bloße Farbe ist das Grün für Hildegard, sondern eher ein Habitus, permanente Induktion von »viriditas«, Symbol gesunden Seins. Gesundheit des Leibes ist letztlich eine andauernde fortwirkende Einstrahlung dieser Grünkraft aus dem unerschöpflichen Lichtquell des Lebens. Nur so kann die Seherin begeistert jene »viriditas nobilissima« besingen, die in der Sonne wurzelt, schimmernd wie Morgenrot, aufleuchtend in strahlender Helle, in einem Kreislauf, den irdisches Sinnen nimmer begreift (S 108): leuchtendes Grün im Kreisrund des Kosmos wie im Rad der Geschichte; grünender Lebensgrund aus Gottes Schöpferhand *(viriditas digiti Dei)*. In grünender Lebensfrische hat Gott die erlauchte leuchtende Schöpfung gepflanzt. Es ist der Hauch aus Grün, der auch unseren Geist in die Weite der Welt führt, Weisheit in unser Herz weht und mit der Weisheit die Freude des Lebens (S 137).

O edelstes Grün,
du wurzelst in der Sonne,
strahlst auf in leuchtender Helle
in einem Kreislauf,
den der Sinne Vermögen nimmer begreift.

Du bist umfangen
in liebender Umarmung von den
Geheimnissen Gottes.
Du schimmerst auf wie Morgenrot,
du glühst wie der Sonne Flamme:
»o nobilissima viriditas«!

(S 109)

57. **Wurzel Jesse**
Salemer Scivias-Kodex, 13. Jh.
Cod. Sal. X 16, fol. 4r
Heidelberg, Universitätsbibliothek.

Heilkunst als Lebenskunde

Von seiner ursprünglichen Konstitution her ist der Mensch zu Heilung und Heil bestimmt. »Denn Gott hat den Menschen, der einen guten Anfang nahm, dann aber ins Elend stürzte, nicht nur zu seinem Ursprung wiederhergestellt, sondern ihn zu einer noch höheren Weihe berufen, indem Er ihm die Kräfte der Heiligkeit verlieh« (LVM I, 47). Sein Mitwirken am göttlichen Schöpfungswerk *(operarius divinitatis)* macht den Menschen verantwortlich für die Kultivierung der Welt *(opus cum creatura)*. Im Kreislauf des Kosmos wie im Lauf der Geschichte kommt über sein Wirken die grünende Lebenskraft *(viriditas)* zu Blüte und Frucht. In ihrer Heilkunde (»Causae et curae«) findet Hildegard dafür die kaum auszulotende Formel: »Die Wirklichkeit des Wortes wird fruchtbar im Grün« (CaCu 22,15: opus verbi viriditas).

Als Adam und Eva aus dem Paradies in die Welt vertrieben wurden, da fanden sie bereits die Nacht auf Erden. »Sie fanden aber auch dort schon alles vor, was ihrer menschlichen Natur gemäß war, alles Lebensnotwendige *(necessaria)*, für sich selbst wie für die übrigen Lebewesen, und sie eigneten sich das alles zu ihrem Gebrauche an« (PL 223 A). Sie eigneten sich die scheinbar so natürlichen Daseinsbedingungen zur Befriedigung ihrer Lebensbedürfnisse an, um bald schon zu erfahren, daß sie alle einer sorgfältigen Kultivierung bedürfen: das Atmen und Essen und Trinken in gleicher Weise wie Schaffen und Feiern, wie Wachen und Schlafen oder auch all unsere Leiden- und Freudenschaften. Alle diese leiblichen Bedürfnisse aber sind uns geschenkt, auf daß wir einsehen, was uns wohltut, um uns dann auch danach zu richten (LVM IV, 12: unde homo praevideat, quid sibi prosit).

Sich im Alltag einer festen Lebensregel zu unterwerfen, das gehört einfach zu einem vernünftigen Lebensstil, zu einer Lebensordnung, die man sich selber gibt *(sive per ipsum)* oder von einem anderen annimmt *(sive per alium)*. Eine solche Lebensführung ist dem Menschen ganz natürlich (LDO IV, 73: ei naturale est). Denn alle Natur will von Natur aus zur Kultur.

Einer solch leibhaftigen Lebensordnung liegt die zutiefst physiologische Einsicht zugrunde, daß es immer die gleichen Grundbedürfnisse *(res naturales)* sind, die auch die inneren Lebensbedingungen *(res non naturales)* zu erhalten oder zu zerstören in der Lage sind. Als das maßgebende Kriterium aller im Weltgewoge notwendigen Güterabwägung erscheint bei Hildegard das Unterscheidungsvermögen *(discretio)*, eine Mutter gleichsam aller Tugenden *(mater virtutum)*. »Discretio« wird zur Grundwurzel *(radix prima)* allen Handelns; sie bildet gleichsam das Firmament des Lebens. »Das Irdische, welches das aktive Leben bedeutet, hält sie unter sich; das Himmlische aber, das kontemplative Leben, weiß sie über sich.« Und so übt sie – in Mitte und Maß – ihre heilsame Funktion aus und mäßigt alles *(discretio temperat omnia)*.

Um es zusammenzufassen: Hildegards Heilkunst bleibt elementar durchstimmt von der

58. **Discretio**
Am unteren Ende der dreifachen Mauer sitzt auf einem Stein die Gestalt der »discretio« und bewegt auf ihrer rechten Seite ein Kreuz mit dem Bild Jesu Christi hin und her – als Zeichen der Spannbreite zwischen Gerechtigkeit und Barmherzigkeit. Mit ihrem Fächer verscheucht sie alle Überredungskünste. Ein Lichtbündel fällt in ihren Schoß und läßt ihr Antlitz aufleuchten.
Liber Scivias, Kopie ehem. Rupertsberger Kodex, um 1180;
(Detail aus Abb. 8)
Abtei St. Hildegard, Eibingen.

natürlichen Lebenskraft *(viriditas)*. Daher die Freude am Sein an sich und an seiner sinnenhaften Ausstattung *(constitutio)*. Daher die existentielle Anteilnahme an allem Gebrochenen und Leidenden *(destitutio)*, die Traurigkeit auch über den Verlust der schönen Welt. Und hieraus wiederum der leidenschaftliche Kampf um die Wiederherstellung *(restitutio)*, um des Menschen Heilung und Heil.

Daß Heilen und Heiligkeit bis in die konkreten Bereiche alltäglicher Daseinsstilisierung reicht, versucht Hildegard gerade an einer Heilkunst deutlich zu machen, die aus ihrer inneren Tendenz heraus in alle Dimensionen der Lebenskunde reicht. Dieses ganz persönliche, aufbauende Leben im kleinsten Kreis, dieses lebendige Mitspielen mit dem steigenden und fallenden Licht des Tages, dieser Sinn für die biologischen Rhythmen der Jahreszeit – das alles bestimmt beständig den benediktinischen Lebensstil.

Lebensführung nach der »Regula Benedicti«

Die Regelkreise der Lebensführung heben an mit dem gebildeten Umgang mit Licht und Luft, mit Wasser und Wärme, mit Boden und Klima, der Umwelt also im weitesten Sinne des Wortes. Ausdruck für dieses Atmosphärische einer geordneten Lebenshaltung ist für Hildegard wiederum die »discretio«, die weise Maßhaltung als das lebendige Fluidum und gleichsam der Atem aller Bildung. Die Diskretion übernimmt immer nur eine dienende Stellung und fügt sich dem Ganzen. Sie teilt ein und auf, gliedert und unterscheidet, umsorgt alle Pläne des Menschen. Sie wägt ab, unterscheidet und entscheidet, hält an zu neuen Aufgaben und gleicht immer wieder aus. Die Tugend der »discretio« umgreift daher mehrere Dimensionen: vom Einteilen der Erscheinungswelt über die Abwägung der Lebensgüter bis hin zu den Prinzipien einer maßvollen und verantwortungsbewußten Lebensplanung.

In gleicher Weise kommt bei den Lebensmitteln im engeren Sinne alles auf das Maß an. Auch bei der Ernährung müssen die Jahreszeiten und die Tageszeiten berücksichtigt werden, das Lebensalter wie die Arbeitsleistung, nicht zuletzt auch der jeweilige Gemütszustand und die Stimmung im Alltag. Alles kommt beim Essen und Trinken darauf an, daß es geregelt *(regulariter)* geschieht und in Gemeinschaft *(communiter)* vor sich gehe.

Alles im Kreislauf des Jahres, des Lebens, des Alltags unterliegt einem bestimmten Rhythmus, darunter auch das Wechselspiel von Bewegung und Ruhe *(motus et quies)*, beides gleichermaßen geordnet wie Beten und Arbeiten *(ora et labora)*. Alles steht hier in der großen Ordnung der Zeit, einer wohlausgewogenen Binnenökonomik nach dem benediktinischen Motto: »Richte ein deine Zeit in der Zeit *(tempora tempore tempera)*.«

Schon bei der Interpretation des göttlichen Sechstagewerkes, der Schöpfung, wird eigens darauf hingewiesen: daß der Mensch bei all seinem Wirken nach Gottes Vorbild schaffen solle, damit er in seinem Tagewerk »die Weide des Lebens« *(pascua vitae)* finde, auf daß es ihm an nichts fehle, und daß auch die Kirche diese »Lebensregel« weiterzugeben habe, eine Regel, nach der man arbeiten und ruhen solle, feiern *(festivitates celebrandae)* und fasten *(jejunia peragenda)*, in der man nicht zu laff und nicht zu straff vorgehen solle, damit immerdar das rechte Maß *(mensura)* gewahrt bleibe, auf daß dem Volke in allem »eine Speise des Lebens *(cibus vitae)*« gereicht werde (LDO V, 44).

In ihrer zu großen Sorge um das Irdische kommen die Leute freilich nur zu oft ins Schwitzen, »und sie erleiden eine äußerste Unrast an Leib wie Seele, um sich dann doch an diesem

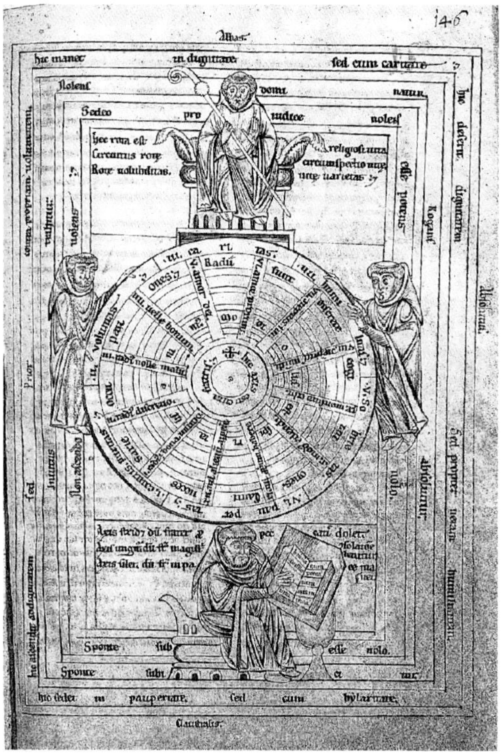

59./60. **Das Rad des guten und das Rad des schlechten religiösen Lebens**
Cod. 226, f. 146 und f. 149v
Heiligenkreuz, Stiftsbibliothek.

hektischen Treiben so zu erquicken, als wäre diese die höchste Ruhe« (LVM IV, 42). Ganz ähnlich rät Hildegard einer Äbtissin zu Elostat: »Solange du noch Gelegenheit hast, mach' dich an die Arbeit und respektiere deine Verpflichtungen.« Dann aber heißt es sogleich weiter: »Doch nur wer den Acker seines Leibes mit Umsicht *(per discretionem)* aufreißt, dem wird das plötzliche Hereinbrechen des Endes nicht schaden, weil die Musik des Heiligen Geistes *(symphonia Spiritus Sancti)* und ein Leben voller Freude *(laeta vita)* ihn aufnehmen werden. Hüten aber sollte sich der Mensch, durch zuviel Arbeit seinen Leib zu ruinieren... Gott möge dich«, schließt Hildegard, »zu einem Tempel des Lebens machen« (PL 214 C/D).

Besondere Berücksichtigung findet in dieser Rhythmisierung des Alltags auch der kultivierte Wechsel von Wachen und Schlafen, und dies wiederum vor dem erhabenen Hintergrund des kosmischen Wellenspiels von Tag und Nacht. »Der Tag überragt zwar die Nacht, aber die Nacht redet Weisheit.« Die Nacht spinnt vielerlei Pläne, und sie spannt sich aus nach dem Tag. Tag und Nacht reden und korrespondieren gleichsam miteinander; sie spielen sich ihre Potenzen zu. Richtig wach sein erhält daher gesund *(vigiliae sanitatem inferunt)*, während zuviel Schlaf oder auch zuwenig uns krankmacht. »Auf diese Weise spürt sie, die Seele, die mit so großer Kraft den schlafenden Leib betritt und ihn wachmacht, auf vielen Erfahrungswegen immer doch nur den Einen Gott!«

Mit dem heilsamen Schlaf kommen dann auch die erfrischenden Träume, die ehemals, in der »genitura mystica« unserer paradiesischen Existenz, der prophetischen Vorausschau dienten, während sie jetzt nur noch als leibliche Erquickung *(recreatio)* wirksam werden. Beim Träumen hält die Seele, gleichsam »der Mond des schlafenden Leibes«, ringsum Ausschau; sie läßt »ihre Augen herumspielen« und erlebt in diesem Spiel die wunderlichsten Dinge. »Erwacht dann der Mensch wieder in rechter Ausgewogenheit, dann kann er geschärft im Geist und heiter in seinen Gesichtszügen an den Tag treten. Denn jetzt sind alle seine Glieder wieder in ruhiger Ausgeglichenheit zusammengefügt.«

Großes diätetisches Wissen, ein feiner pädagogischer Takt und reiche psychologische Erfahrung zeigen sich vor allem an zahlreichen Stellen, wo Hildegard zu jungen Menschen spricht oder auch zu deren Lehrern. Ganz aus der leiblichen Intimsphäre wird schon die Lehre als solche aufgefaßt. Unterricht ist gleichsam Speisung. »Der Lehrer muß die Worte seiner Unterweisung in mütterlicher Liebe sieben, so daß die Schüler freudig ihren Mund aufreißen und das Wissen schlucken.« Wohl habe auch der Lehrer hin und wieder festere Vorschriften zu geben und sei darin wiederum dem Arzt verwandt, »indem er die Rute als Lehrmeister fühlen läßt, um nachher wie ein Arzt die Salbe zu reichen«. Wo aber Dornen statt Brot vermittelt werden, da bieten sie keine Nahrung. »Wenn die Lehrer den Schülern nur klingende Worte anzubieten haben, dann werden diese wohl kaum erbaut.«

Besonders schön erscheint diese pädagogisch-diätetische Perspektive in einem Briefwechsel mit einem Abt zu Trier, der sich im existentiellen Überdruß an seinem verantwortlichen Amte mehrfach an die Äbtissin auf dem Rupertsberg gewandt hatte. Die Seherin antwortet ihm ruhig und souverän, immer hinter dem Mantel der Schau des lebendigen Lichtes, und sie ermahnt, unter Bildern des Landbaus und der Gartenkultur, zu einem maßvollen Leben. »Darum tränke deinen Sinn mit den Wasserbächen der Schrift und dem Wandel der Heiligen, daß du lebest wie sie. Dies alles tue in Demut, und laß in deinen Brüdern die Blüten sprießen wie an einem Baume. Sei Sonne durch deine Lehre, ein Mond durch deine Anpassung, sei wie der Wind durch deine straffe Führung, wie linde Lüfte durch deine Milde und wie Feuer durch die schöne Rede deiner Unterweisung. Das alles beginne im schimmernden Frührot und vollende es im funkelnden Licht« (PL 289 A). Und ganz ähnlich an anderer Stelle: »Der gute Meister sei seinen Schülern wie das Auge am Tag, und in der Nacht noch bleibe er bei ihnen als eine gütige Hut« (LVM V, 91).

Ganz besonders gesteuert aber wird ein kultivierter Lebensstil durch die Musik, die hier geradezu als ein Therapeutikum angesehen wird, als ein Regulans ersten Ranges. »Denn jedes Element hat seinen eigenen Klang, einen Urklang aus Gottes Schöpferordnung. All diese Töne vereinigen sich zu einem großen Zusammenklang, zu einer einzigartigen Harmonie« (LVM IV, 59). Dieses großartige Konzert der Himmel erstreckt sich freilich nicht mehr auf die Harmonie der irdischen Elemente. Der Mensch steht nicht mehr im Einklang mit der »musica mundana«. Und doch erinnert ihn jedes Lied noch an die Natur der himmlischen Harmonie und daran, daß auch er einmal in seiner »musica humana« im Einklang stand mit dem Kosmos.

Der Sinn all dieser Anweisungen zu einem zuchtvollen Leben in rechter Maßhaltung sollte nicht sein, wie die kluge Äbtissin betont, den Menschen Beschwerlichkeiten spüren zu lassen; eher sollten wir gerade an vernünftiger Lebensweise unsere Lust haben und immer nur Freude empfinden. Die Regel sollte dienen als Halt; sie sollte keine Last werden.

Und so steht denn auch der leibhaftige Mensch ständig in einem faszinierenden Beziehungsnetz von Beanspruchung und Entsprechung, von Entscheidung und Verantwortung, wobei es im Willen des Schöpfers lag, daß der Mensch sich jederzeit im »Rad des Gewissens« *(rota scientiae)* frei entscheiden solle. Besitzt doch der Mensch in seinem Entscheidungsvermögen kraft seiner Vernunft *(vis rationalitatis)* einen überaus »lebendigen Schatz«. Freiheit gehört prinzipiell zum Wesen des Menschen.

Das Leben nach einer solchen Lehre verleiht dem Menschen Ernst und Würde *(gravitas)*, wie sie wiederum aus der »constantia« und der »stabilitas« kommen, jenen benediktinischen Grundtugenden, die immer wieder verschwistert erscheinen mit der »discretio«, der in Vorsicht waltenden und mit Fürsicht vorsorgenden Umsicht.

Alles im Ablauf des Tages hat daher einem geregelten, einem harmonisch durchstimmten Rhythmus zu unterliegen, alles Arbeiten und Ruhen, das Essen und Fasten, alles Reden und Schweigen auch, das Wachen wie das Schlafen. Alles ist nur ein Sinnbild dafür, wie durch die Belehrung *(doctrina)* des inneren Menschen nun auch der äußere Mensch aufgebaut, erbaut, gebildet werden kann. Und während sich der rein äußerliche Lebensstil *(conversatio)* auf die tagtäglichen Lebensgewohnheiten erstreckt, wendet der innerliche Habitus *(conversio)* den Menschen aus diesem Säkulum gleichsam um und gibt ihm die Kehre zum Ewigen.

Alles in allem war es die »stabilitas« in diesem »ora et labora«, die sich gehalten hat bis in unsere Zeit und die auch das 20. Jahrhundert noch überstehen dürfte. Es ist eine »stabilitas in congregatione«, in der Gemeinschaft, die nicht so lebendig hätte bleiben können ohne eine stetige »conversio morum«, einen ganz speziellen Lebensstil. Diese Lebensweise läßt an jede Kleinigkeit denken, ohne sich im Krimskram zu verlieren. Ein Benedikt, eine Hildegard konnten daher gar nichts anderes lehren, als sie lebten, und sie konnten nicht anders leben, als sie lehrten!

61. **Christus medicus: Heilung einer Buckligen** aus dem sog. Gebetbuch der Hildegard von Bingen, mittelrheinisch, um 1190; Cod. lat. 935, fol. 26v München, Bayerische Staatsbibliothek.

Bilder der Barmherzigkeit

Leitbild für alles ärztliche Tun ist für Hildegard von Bingen die Barmherzigkeit. Sie wird verkörpert in »Christus Medicus«, jenem großen Arzt *(magnus medicus)*, der sich dem heilsbegierigen Kranken zuwendet, der wieder gesund werden will (Sc I, 3). »Ohne Zögern salbt der gute Arzt *(bonus medicus)* die Wunden der Menschen mit Barmherzigkeit« (Bw 154).

Es ist kein Zufall, daß diese Barmherzigkeit das grüne Gewand der Lebensfrische trägt, jener »viriditas«, die gepriesen wird als »des Königs schönste Freundin«. Die Mittel der Barmherzigkeit sind Trost und Geduld, ihre Form ist die Diskretion, ihre Möglichkeiten sind Reue und Umkehr, ihr Ziel ist das Heil. Hildegard bezeichnet es als das Übel aller Übel *(pessimum malum malorum)*, wenn es einmal so weit kommen sollte, »daß man nicht mehr auf die Gesundheit seines Nächsten bedacht ist und für keinen Menschen mehr Barmherzigkeit aufbringt« (LVM I, 83).

In die Wunden des Todes hat vor allem Maria, die »lichte Mutter der heiligen Heilkunst«, ihr Salböl gegossen, sie, die »Mittlerin des Lebens«, die »Freude voller Glanz«, die »Süße aller Wonnen«. Maria vermittelt uns die Barmherzigkeit als bestes Heilmittel *(magna medicina)*, als »ein überaus liebliches Heilkraut in Luft und Tau und aller grünenden Frische« (LVM I, 17).

Barmherzigkeit erst macht des Menschen Herz zu einem reinen Brunnen. »Denn je mehr der Mensch durch wahre Selbstzucht die Herrschaft über sich selbst erlangt, desto bereiter neigt er sich in barmherziger Liebe dem hilfsbedürftigen Nächsten zu.« Begegnet doch auch Gott selber dem Menschen mit Barmherzigkeit, nimmt sich des Elends an, gießt uns den »Wein der Buße« ein und salbt uns mit dem »Öl der Barmherzigkeit« (LDO V, 46). In seinem Leide suche daher der gläubige Mensch einen Arzt auf, bevor er dem Tode verfällt. Und der Arzt wird ihm »bittere Kräuterarznei« verschreiben, ihm dann aber sogleich auch den Wein der Buße und das Öl der Barmherzigkeit bieten (Sc I, 4).

Es muß uns hierbei auffallen, wie sehr im Schrifttum Hildegards das Seufzen und Klagen, das Schluchzen und die Zerknirschung eine Rolle spielen und wie alle diese sogenannten »seelischen« Erschütterungen leibhaftigen Ausdruck finden. Der Mensch als Ganzes gerät in der reumütigen Zerknirschung in Bewegung, wird aufgewühlt, lernt, sich zu öffnen, kommt zu Einsicht und Einkehr und dann auch zur Umkehr. Die Reue verlangt einfach danach, zu wirken, so wie die Frau – Hildegard zufolge – danach verlangt, durch ihr Wissen und Können im Verein mit dem Manne am Werke zu sein.

Das Seufzen des Gemütes ist Ausdruck einer aufwühlenden Erhebung des Herzens, jener Herzens-Erschütterung, die alles neu macht. »Der schnellste Weg zum Frieden ist die Umkehr des Herzens«, schreibt Hildegard, um zu schließen: »Vom Herzen geht Heilung aus oder Chaos. Das Herz des Menschen ist die Mitte der Welt.« Und noch einmal – an Papst Anastasius IV. –: »Vom Herzen geht Heilung aus, wenn das Morgenrot wie der Glanz eines ersten Aufganges sichtbar wird« (Bw 40).

Als barmherzig offenbart sich uns nicht von ungefähr die Tugend der »Erkenntnis Gottes«; sie erscheint ebenso furchtbar und schrecklich *(terribilis in terrore)* wie auch gütig und milde *(lenis in bonitate)*. Sie tritt überall und in allem *(apud omnia et in omnibus)* in Erscheinung, »und sie ist so schön in ihrem Geheimnis, daß kein Mensch wissen kann, mit wie großer Liebenswürdigkeit sie die Menschen erträgt und auch schont in ihrer undurchschaubaren Barmherzigkeit« (Sc III, 4).

Die Reue als »die Leuchte der Seele« tritt uns als ein ausgesprochenes Heilmittel *(quasi medicina)* vor Augen, als eine herzerfrischende grünende Heilkraft *(viriditas poenitentiae)*. Aus erschüttertem Innern führt die Heilkraft der Reue den Menschen aus seiner Mühsal wieder zum Leben zurück. Und so erquicken die Tränen den Menschen und machen ihn wieder frei; sie machen harte Herzen weich und rufen den Heiligen Geist herbei. Sie lassen im Menschen die »viriditas« wieder aufquellen, jene so erfrischende und verjüngende, immerzu kreativ wirkende Lebensgrüne, die leuchtend aufstrahlt zum ewigen Licht.

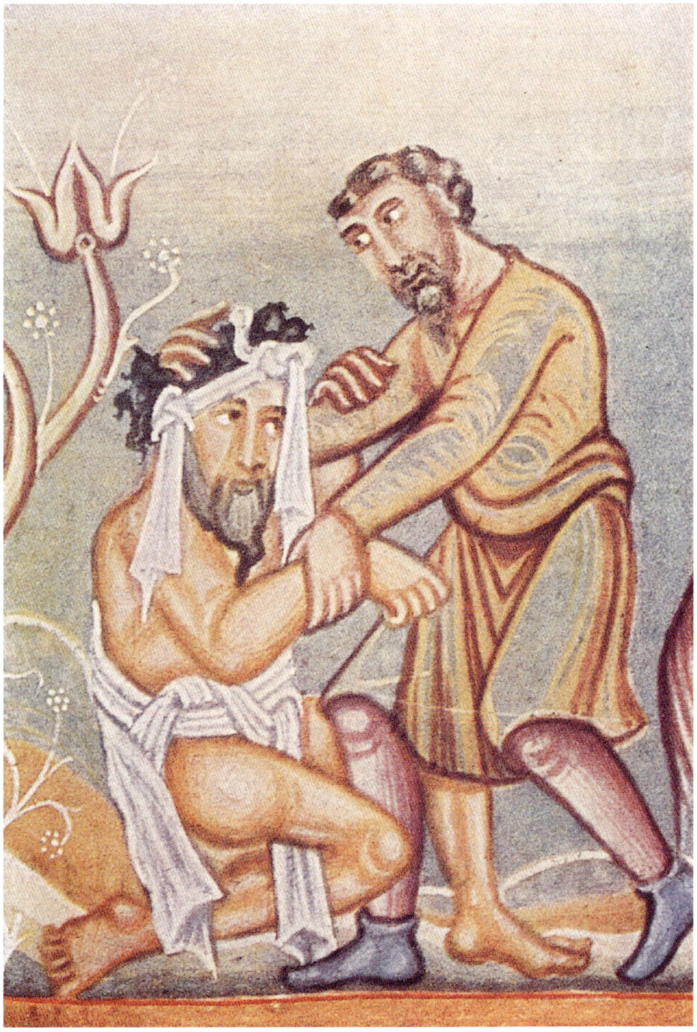

62. **Der barmherzige Samariter**
Evangeliar Heinrichs III.
Echternach, 1045/46;
Cod. lat. Vetrinas 17, Escorial,
Madrid, Patrimonio Nacional.

Die Barmherzigkeit (misericordia) spricht:

»Die Kräuter bieten einander den Duft ihrer Blüten; ein Stein strahlt seinen Glanz auf die anderen, und jedwede Kreatur hat einen Urtrieb nach liebender Umarmung. Die ganze Welt steht ja dem Menschen zu Diensten, und in diesem Liebesdienst legt sie ihm freudig ihre Güter ans Herz...

Und so bin ich, die Barmherzigkeit, in Luft und Tau und in aller grünenden Frische ein überaus liebliches Heilkraut. Übervoll ist mein Herz, jedwedem Hilfe zu schenken. Ich war schon zugegen, als das ›Es werde!‹ erscholl, aus dem die Welt hervorging, die nun dem Menschen zur Verfügung steht. Der Hartherzigkeit indes ist jenes heilsame Wesen verschlossen, während ich mit liebendem Auge alle Lebensnöte berücksichtige und mich so mit allem verbunden fühle. Den Gebrechlichen helfe ich auf und führe sie zur Gesundung. Heilsamer Balsam bin ich für jedes Weh, und meine Worte tun wohl.«

(LVM I, 17)

63. **Lilie**
Liber floridus
Ms. 92, fol. 230
Gent, Universitätsbibliothek.

V.
Wege zur Fülle des Heils

64. **Christi Opfer und die Kirche**
Aus der Seitenwunde des gekreuzigten Heilands empfängt die Kirche ihr Leben, und auf dem Altar erbittet die Kirche nun »die kostbare Hochzeitsgabe« von Fleisch und Blut.

Liber Scivias, Kopie ehem. Rupertsberger Kodex, um 1180;
Abtei St. Hildegard, Eibingen.

Schöpfung und Erlösung

Unter dem Leitbild des »homo constitutus« in der »genitura mystica« hatte Hildegard uns eine umfassende Physiologie des adamitischen Menschen vor Augen geführt, indem sie uns den Menschen im Ursprung zeigt, in seiner »constitutio prima«, so wie er eigentlich gedacht war. Dieser Mensch war ganz Licht, leuchtete in einem »lumen corporis«. Alle Welt stand ihm in seiner »natura gloriosa« zur Verfügung. Diese »Natur« aber, das ist nicht mehr die »physis« der antiken Naturphilosophie; etwas Neues ist hinzugekommen, das alle Bilder überstrahlt und alle Begriffe durchtränkt: Das ist Christus als die Sonne des Kosmos, der des Menschen Natur annahm, um alles kreatürlich Gewachsene zu wandeln ins Heilige, zum Heil.

Unter dem Aspekt der Heilsgeschichte allein verstehen wir nun aber auch des Menschen jetzige Daseinsverfassung, sein Kranksein in der »natura deficiens«, im Notstand der »destitutio« und »deformatio« und »degeneratio«. Seinen ursprünglichen Stand hat der Mensch *(homo destitutus)* grundsätzlich verloren; er wurde hinfällig und krank. Er führt jetzt eine Existenz der Sorge und der Angst. Er ist korrupt und nähert sich dem Nichts, indem er sein Werk verwirkt und am Wort versagt. Er verliert die »viriditas«, entgleist ständig in seiner labilen Komplexion und wird krank.

Bezog sich das Schlüsselbild der »constitutio« auf den ursprünglichen Stand des Menschen, seine Verfassung im Urbeginn, die »destitutio« dementsprechend auf die Verformung und Entartung, die Mißstimmung und das Mißverhältnis – so, wie wir es jetzt kennen, und selbst dann, wenn wir nicht eigentlich krank sind –, so meint die »restitutio« endlich die Wiederherstellung und Übereinstimmung, das Heil und die Heilung, die Ganzheit des Menschen: jene »integritas«, die das arabische Wort »salam« umschreibt, was nicht nur Frieden heißt, sondern eher das Ganze, das Heile, das rundum Wohlsein, die integrierte Natur des Menschen, seine Restauration und Rehabilitierung, eben sein Heil. Das ganze Leben des Menschen ist nichts als ein Gespräch um das Heil.

Es ist die Wirklichkeit einer Welt in Entwicklung, die uns anhält, immer von neuem zu fragen, immer tiefer zu suchen, die Welt gleichsam zu durchdringen *(penetrare)*, um die Fülle der reifenden Welten *(plenitudo profectus in crescendo)* zu gewahren. Ohne diese Manifestation der Natur, ohne ihre Evolution, blieben wir blind und träge und kindisch, unwissend um uns selbst und um Gott. Aus der natürlichen Verwurzelung heraus *(plantatio in prima radice)* werden wir zum Mitbürger *(socius)* in der Heimat des Himmels.

Hier ist die Hand Gottes im Ursprung am Werke und Christi Fleisch in aller Gegenwärtigkeit. Hier erscheint das Gebilde aus Gottes Hand *(factura digiti Dei)*, aber auch jene Grünkraft aus Gottes Hand *(viriditas digiti Dei)*, in welcher Gott gepflanzt hat, was berufen ist, in der Herrlichkeit der Höhe strahlend in Erscheinung zu treten.

Besteht des Menschen Wesen doch im Mitwirken an der Vollendung der Schöpfung. Der Mensch wird gleichsam zum Teilhaber der göttlichen Offenbarung, all dieser Wege zum Heil. Ohne diesen seinen konkreten Auftrag zum Wirken in der Welt, ein »opus cum creatura« bis zum Ende der Welt, bliebe das Universum ein Chaos, eine »materia turbulenta«, bliebe die Welt blind und formlos.

In diesem permanenten Bildungsprozeß erst stellt der Mensch sie wieder her, die Ordnung des so schönen Kosmos. Mit seinem »opus« erst schafft der Mensch in seiner »vita humana« lebenslang mit an der gewaltigen Symphonie der Lebensfreude *(symphonia vitae laetae)*.

Auf diesem Heilsweg will nun auch die Seherin Hildegard alle Tugendkräfte *(virtutes)* des Menschen rühmen und preisen, zumal auch sie ausgehen von Gott, dem »Haupt aller wahren Freude« (Sc III, 9). Sie alle im Verein wirken mit an des Menschen Reifung *(ad profectum hominis)*. Alles dient ja der Reifung in jenem Heiligen Geist, den Hildegard hymnisch besingt als »die innigste Herzkraft aller Natur« *(vita vitae creaturae)*, als jenen heilenden »Feuerbrand der Liebe« der immer nur heiligen will *(divina vis salvare vult)*, der nichts anderes will als Heilung und Heil.

Mit diesen prinzipiellen Aussagen ist der spirituelle Hintergrund dieses so durch und durch optimistischen Weltbildes deutlich umrissen:

Gott erscheint als dreifaltige Einheit. In seinem Sohn *(verbum)* schafft Gott sein Werk *(opus)*, die Welt und den Menschen. Alle Welt aber hat nur Bestand aus der Lebenskraft *(viriditas)* des Heiligen Geistes.

In dieser geschaffenen Welt sollte das Wort Fleisch werden und hat unter uns gewohnt. So lag es im Willen des Vaters seit Urbeginn. Im Gewande der Menschheit wollte Gott sich aller Welt offenbaren.

Gott – der Hirte des Seins – ist der Ruf aus der Frühe, durch den alle Schöpfung ins Dasein getreten. Er hat uns nicht nur geschaffen; er macht uns auch frei von allem Elend, befreit uns vom Siechtum, an dem wir alle so sehr zu leiden haben.

Im Logos ist die ganze Welt zum Heil berufen; am Ende der Zeiten wird alle Welt der Verklärung zugeführt, zu einem neuen Himmel und einer neuen Erde. Genesis und Apokalypse finden ihren Sinn im kosmischen Christus, dem Heiland der Welt.

Im Kreislauf der Natur, über die Ordnungen der Zeit, auf der Heilsbahn seiner Geschichte wird der Mensch seinen Weg durch die Welt nehmen. Gleich einer strahlenden Sonne ließ Gott zu Anbeginn der Welt seine Geschöpfe aufgehen. Und er führte sie nicht nur ans Licht, sondern ließ sie sich immer weiter entwickeln zu ihrer eigenen Vollendung. Göttliches Leben schenkt ja immer nur »Fülle der Fruchtbarkeit zur Weiterentwicklung aller Geschöpfe«.

Was immer auch der Mensch in seinem Inneren zur Entscheidung gebracht hat, das wird er draußen an der Welt, im »opus cum creatura«, verwirklichen. »Und so geht vom Herzen des Menschen ein Weg aus zu den Elementen des Kosmos.« Aus diesem Licht im »Auge seines Herzens« soll alles grünen, was noch dürre ist. Korn und Weizen wachsen durch die geheime Grünkraft, die in die Keimkräfte des Kosmos träufelt wie auch in die Heilskräfte der Geschichte. »Wenn der Mensch aber sich solchermaßen auf dem Wege des Herzens *(iter cordis)* befindet, dann bildet er gleichsam den Heimweg aller Dinge zu Gott.«

Der Mensch – als Leiblichkeit, in seiner Geschlechtlichkeit –, umfangen und die Welt umfangend, ergriffen wie begreifend, dieser Mensch wird der Partner aller Elemente sein, als Spieler im Leibe werbend um seine Braut, die

65. **Die göttlichen Tugenden steigen mit Steinen beladen empor**

Mit den Menschen zusammen wollen sie den Bau des göttlichen Heilswerkes vollenden.

Liber Scivias, Kopie ehem. Rupertsberger Kodex. Abtei St. Hildegard, Eibingen.

66. **Die Allmacht**
Mit rotglühendem Antlitz über einem Schuppenleib erscheint unter der »Stadt Gottes« die Gestalt der Allmacht. Das Greisenhaupt auf der Leibesmitte weist ihn auf den Heilsplan in Gottvater. Die fünf Spiegel zeigen die einzelnen Zeitalter der Heilsgeschichte.
Liber Divinorum Operum, um 1240; Ms. 1942 (Detail), Lucca, Biblioteca Statale.

67. **Der Erlöser**
Noch kämpft der gefallene Mensch in der durch Patriarchen und Propheten erleuchteten Finsternis. Aus dem göttlichen Schöpfungsgrund erscheint eine lichte Gestalt, die sich aufmacht, den gefallenen Menschen zu erlösen.
Liber Scivias, Kopie ehem. Rupertsberger Kodex, um 1180; Abtei St. Hildegard, Eibingen.

Natur, immerzu neu die Welt entwerfend. Dieser Mensch ist zum Bilde geworden für Schöpfung wie Erlösung. Gott gab ihm das Leben der Freude und die Freiheit des Geistes. Ein wahrhaft geistliches Leben sollte er führen.

Zwischen Schöpfung und Erlösung bleibt dem Menschen in seiner Sonderstellung aber auch die freie Entscheidung und damit die volle Verantwortung. »Daher sollte der Mensch sein Werk durch kein fremdes Geschöpf auf der Welt bestimmen lassen; er sollte es vielmehr aus seiner eigenen Natur heraus *(per semetipsum)* zur Durchführung bringen, so wie auch Gott aus keinem anderen Stoff nimmt, als den Er aus sich selber schöpft« (LVM VI, 59). Im Rad unseres Gewissens *(rota scientiae)* nämlich wird uns schon sehr deutlich gezeigt, nach welcher Seite wir uns neigen sollen (LVM III, 27). »Und so hat der Mensch auch keinen eigenen Stern, der sein Leben bestimmt, wie das törichte Volk glaubt.« Daher will Gott auch nicht, daß man Sterne, Feuer, Vögel und ähnliche Geschöpfe über künftige Dinge befragt (Sc I, 3).

In »wissender Liebe« *(in scientia caritatis)* will Gott sein Ebenbild in aller Freiheit mit Leib und Seele zur »Fülle des Heiles« *(ad plenitutidem integritatis)* leiten (LDO I, 11). Darum ist der Mensch dieser seiner Freiheit auch nicht hilflos ausgeliefert; Gott selber will ihn unter seine Fittiche nehmen, so wie eine Henne ihre Küken. »Denn Gott wollte Seine Herrlichkeit nicht alleine haben; Er wollte sie Seinen Geschöpfen mitteilen, damit auch sie sich mit Ihm freuten« (LVM I, 136).

Noch aber steht der Mensch in der Entscheidung und hat sich in aller Auseinandersetzung mit der Welt als verantwortlich zu erweisen. Er steht mitten im »Streitgespräch der Tugenden *(ordo virtutum)*«, im stetigen Kampf mit den Lastern, den Risikofaktoren unserer alltäglichen Existenz.

Im dramatischen Aufzug der Tugenden und der Laster erscheint – um nur ein Beispiel zu nehmen – die »Herzenshärte« in einem besonders grausigen Part. Sie ballt sich wie ein dichter Rauch, ohne jedoch eine menschliche Gestalt zu gewinnen. Sie geht nicht vorwärts, nicht rückwärts, verharrt vielmehr unbeweglich in der Finsternis, aus der heraus sie mit schwarzen Augen glotzt. Und beginnt zu sprechen: »Ich habe nichts auf der Welt hervorgebracht und niemanden ins Dasein gesetzt. Warum sollt' ich mich um etwas kümmern oder mich um jemanden bemühen? Das werde ich schön bleiben lassen. Ich will mich nur da einsetzen, wo einer auch mir nützlich sein kann. Der liebe Gott, der das alles geschaffen, der soll nun auch schön grade dafür stehen und Sorge tragen für seinen Kram... Ich weiß nur von meiner eigenen Existenz; soll doch jeder sehen, wo er bleibt!« (LVM I, 16).

Die Herzenshärte, die Sklerokardie, erscheint hier als ein Laster der Zeit, als die Untugend auch des Zeitvertreibs. Wenn nämlich der Mensch von all seinem so banalen Tun und Treiben müde wird, dann kommt der Ekel über ihn, »und sein Herz beginnt sich zu verhärten«. In ihrer Verhärtung aber vermögen die Menschen Gottes Ebenbild im Nächsten nicht mehr zu erkennen. Gleich einem Klumpen Blei liegt daher die Herzenshärte wie in einem Tümpel und regt sich nicht mehr. »Sie ist unter allen Übeln das schlimmste, weil sie auf keinen Rücksicht nimmt und niemandem Barmherzigkeit erweist. Sie macht das Menschliche als solches verächtlich, da sie keinerlei Interesse mehr aufbringt. Sie freut sich nicht mit anderen und berät nicht den anderen. Sie bleibt in allem einfach hart und herzlos« (LVM I, 83).

Neben der Herzenshärte erscheint als ein besonders schlimmes Verhalten die Lüge. Hildegard nennt sie »das Laster der Unmenschlichkeit«. Wenn jemand nämlich in fleischlicher Lust sündigt, so ist das durchaus noch menschlich und zu verstehen. »Wer aber der Lüge folgt, der verläßt den Bereich der Menschlichkeit.« Der hat sie einfach verlernt und verloren, die Freude zu leben (LVM II, 83).

Der Phalanx der Laster – 35 an der Zahl – antwortet prompt die Schlachtordnung der Tugenden. Hier ist es neben der Barmherzigkeit *(misericordia)* vor allem die Geduld *(patientia)*, die »heilenden Balsam aus dem Erdreich schwitzen läßt«. Und so kann sie bekennen: »Ich bin aller Grüne ein milder Hauch. Ich lasse die Blüten und Früchte der Tugenden hervorsprießen und errichte ihnen im Herzen der Menschen eine feste Burg« (LVM I, 23).

Was hier unter Bildern der Barmherzigkeit als Salbe für jedes Weh, als Tröstung in Not, als schenkende Hilfe zum Ausdruck kommt, ist eine der tragenden Grundstimmungen im Weltbild Hildegards. Immer wieder lesen wir: »Pflege das Leben, wo du es triffst!« »Sorge dich um die Deinen, solange du noch ein Auge hast!« »Biete ihnen das Licht dar in mütterlicher Zärtlichkeit!«

Und wiederum begegnet uns auch hier die Liebe zwischen Mann und Frau, die so inniglich verglichen wird mit jener Liebe zwischen Schöpfer und Schöpfung, von welcher Salomo schon gesprochen hatte:

»Salomo aber, im Gefühl und Genuß der Weisheit, spricht in der Weise der Liebenden und wie zu einer geliebten Frau. Ich aber, die Weisheit *(sapientia)*, ich meine folgendes damit: Damals, da habe ich mich aufgemacht und habe meinen Mantel ausgeschüttelt, um ihn mit Tausenden und Abertausenden Tropfen köstlichen Taus zu durchtränken. Mit solchem Geschenk aber zielt Gott auf den Menschen, und Er rechnet mit ihm. So laßt uns also ein Gespräch miteinander führen:

Wie Ich alles ordnete, da Ich das Rund der Himmel durchlief, so sprach Ich auch zu Salomo, aus der Liebe des Schöpfers zu Seinem Geschöpf wie auch des Geschöpfes zu seinem Schöpfer. Hat doch der Schöpfer Sein Geschöpf, so wie Er es erschuf, dadurch geschmückt, daß Er ihm Seine große Liebe schenkte. Und so ist alles Gehorchen der Kreatur nur ein Verlangen nach dem Kusse des Schöpfers. Und alle Welt empfing den Kuß des Schöpfers, da Gott ihr alles gab, was sie brauchte« (LVM V, 39).

Inbegriff aller Schöpfung aber ist und bleibt der Mensch. Mit seinem liebenden Munde will Gott diesem seinem eigentlichen Werk *(officiale opus)* einen Kuß geben. Ihm übergab er aus lauter Liebe die Welt zu Diensten *(officium omnis creaturae)*. Darob wird dereinst die ganze Schöpfung in Jubelklang ertönen *(in symphonia sonet)*. Alle Harfen des Himmels werden erklingen; sie klingen auf zu himmlischer Harmonie *(ad caelestem harmoniam)*. Die Engel singen mit und jubeln im Lobpreis *(in laudibus)*. Alles wird aufleuchten in strahlendem Einklang. »Und so ist der Mensch durch seinen Lobpreis *(laus)* engelhafter Natur, durch sein heiligmäßiges Tun *(opus)* aber Mensch. Als Ganzes ist er das volle Werk Gottes *(plenum opus Dei)*, da im Rühmen und Wirken die Wunder Gottes in diesem Menschen zur Vollendung kommen« (LVM V, 96).

Mit aller Kreatur hat Gott den Menschen geschaffen, »damit der Mensch nicht einsam auf Erden lebe, wie ja auch Gott selber im Himmel nicht einsam ist, vielmehr durch das Heer der himmlischen Harmonien verherrlicht wird. Alle Welt wird nun mit dem Menschen ausharren, bis jene Zeit vollendet ist, die Gott ursprünglich bestimmt hat.«

Gott gibt dem Menschen den schönen Glanz wieder zurück; Gott will ja Heilung und Heil. Dann aber wird der Mensch in Herrlichkeit gekleidet: Lobsingend wird er immerzu neue Lieder anstimmen im Chor der Engel, jener Engel, die »den Schlag des ewigen Herzens erblicken am Urquell der Schöpfung«, die wie in einem Antlitz

68. **Engelschor**
Über der »Stadt Gottes«, dem Symbol des sich vollendenden Heilswerkes, erblickt die Seherin in einer Wolke eine Schar von Musikanten mit verschiedenen Instrumenten, Vorklang gleichsam der Engelschöre.
Detail, Liber Divinorum Operum,
um 1240; Ms. 1942,
Lucca, Biblioteca Statale.

erschauen »die innigste Kraft, die das Vaterherz atmet« (S 67).

So aber werden sie dann erscheinen, die Heiligen: blumengeschmückte Hügel in lieblichster Landschaft, zarte Blüten des Feldes, süßes Grünen der Knospen, Fruchtfleisch ohne Mark, edle Gefäße voller Duft. In ihnen stimmt der Heilige Geist sein Loblied an.

Wege zum Heil

Das Schicksal des gefallenen Menschen und seine Wege zu Heilung und Heil will uns Hildegard am biblischen Gleichnis vom ungetreuen Verwalter (vgl. Lukas-Evangelium 16, 1–8) näher erklären. Der ehedem so begabte und begüterte Verwalter sieht sich entlarvt und enterbt; er ist das biologische Mängelwesen geworden. Um sich zu rechtfertigen, schließt er ein Bündnis mit der Welt, um aus seiner verfremdeten Existenz heimzufinden zu neuer Statthalterschaft. Klüger als die Kinder des Lichts, die in ihrer Bosheit verhärteten Engel, wird der Mensch sich in seinem ehrlichen Kulturschaffen Freunde erwerben. Die Heimholung des Kosmos wird daher nicht nur in einem sehr konkreten Umgang mit der Natur gesehen, in kosmischer Nachbarschaft gleichsam; sie wird mehr noch – mit einem sehr persönlichen Bild – verglichen mit der Heimführung der Braut zur Hochzeit, der Wiedervereinigung von Schöpfer und Schöpfung in einer verklärten Welt.

Die so wesensinnige Verflochtenheit von Schöpfung und Erlösung weiß Hildegard an zwei Schlüsselfiguren zu verdeutlichen, die ihr besonders ans Herz gewachsen sind: an Eva, dem Urstoff *(prima materia)* der Menschheit, der »Mutter aller Lebendigen«, und an Maria, der »aurea materia«, der Mutter des Heils und Heilung *(mater medicinae)*. Als Mutter des Heiles *(salvatrix)* sammelt sie die Glieder des Sohnes zur himmlischen Harmonie *(ad caelestem harmoniam)*.

In Maria ist sie wieder erblüht, die so schöne Blume, die ihren lieblichen Duft allem schenkt, was da seit Eva dürre lag. Und nun prangt alles wieder in seiner vollen Lebensgrüne: »Die Himmel, sie schenken dem Gras ihren Tau, die ganze Erde frohlocket in Freude. Es bringt ihr Schoß wieder Korn hervor, in ihr nun bauen die Vögel ihr Nest. Und so ward auch dem Menschen Speise, und große Freude herrschet beim Mahl.« All das hat uns geschenkt Maria, »die Freude aller Freuden« (S 151).

In ihrer großen Demut konnte Maria das verschlossene Brautgemach des Königs *(clausus cubiculus regis)* werden; Gott selber wollte Wohnung nehmen in ihrem verschlossenen Schoß. Damals aber, als Gott dem Abraham ein Geschlecht »so zahlreich wie die Sterne des Himmels« versprach, da sah er schon jenes Geschlecht voraus, das dereinst bilden sollte die »Vollzahl der himmlischen Gemeinschaft« (LDO I, 17).

Als dann aber der Meerstern Maria erstrahlte, da empfingen alle Elemente die »Freude des Lebens« zurück: »Rot entbrannte der Himmel, und alle Welt sang das Marien-Lob!« Über der vollendeten Kreatur wird der Meeresstern erstrahlen: Das ganz Universum wird neu sein, eine neue schmucke Schöpfung, wahrhaft »Kosmos«, die ewige Zier.

Bei aller Verehrung für Maria, wie sie vor allem in ihrer »Symphonia« zu Wort kommt, kennt Hildegard keine »Mater dolorosa«, keine »Madonna lactans«, keine Unbefleckte Empfängnis, keine Mariä Himmelfahrt, keinerlei Art von Maiandacht. Die Rolle Marias – als einer »zweiten Eva« – ist ganz und gar zugeschnitten auf die Inkarnation. Durch Maria ward der Himmel noch schöner geschmückt, als zuvor durch Eva die Erde verwirrt war (S 53).

Bei der Betrachtung dieser Zentralfiguren der Menschheit gewahren wir aber auch, daß und wie sehr des Himmels Segen auf der Gestalt der Frau ruht. Aus dem Wesen der Frau fließt Segen über alle Welt. Denn Gott ward Mensch in einer jungen Frau, in dieser so einzig geliebten, einer so glückseligen Frau (S 47). Welch eine Fülle an Glück, welch seliges Sein geht aus vom Wesen dieser Gestalt! Der Tugendkräfte süßer Duft, er quillt und strömt aus dem Wesen der Frau (S 53). Maria – die Schönste aller Frauen, die Lieblichste –, an ihr hatte Gott so sehr sein Entzücken, daß er die Glut seiner Liebe tief in sie senkte, auf daß sein Sohn an ihrer Brust sich leibhaft ernähre. Da frohlockte ihr Leib voller Freude, und aus ihrem Herzen klang in Fülle die Symphonie aller Himmel auf.

Immer wieder wird Maria hymnisch gepriesen als »Reis aus lichtem Grün«, als das »Blühen im Morgenrot«. Ihr Leib jauchzte auf in Freude, wie ein Gras, über das der Tau gefallen. Wie wenn das Gras die Grüne trinkt, so ward es in ihr, der »Mutter aller Freude und Süße aller Wonnen«. Wie eine Harfe frohlockte ihr Schoß, darinnen der Heilige Geist jenen Urklang anstimmte, der alle Himmel durchklingt, und ihre Reinheit ward umstrahlt von Gottes Herrlichkeit.

Als »Schwester der Weisheit« preist Hildegard die Frau. Die Weisheit selber, sie hat sie erbaut; alle Welt ward schön nun durch sie. Als »das Auge Gottes« erscheint sie, die Weisheit; vor seinem Antlitz steht sie als »die geliebte Freundin«. Und so trägt auch der Mensch, der sich der Weisheit bedient, den Namen: »die Höhe des Himmels«.

Und sie heißen »Himmel«, die da Gott schauen, und »Himmel«, die Ihn weissagen. Der Himmel war es auch, als der Sohn Gottes sich in Seiner Menschheit zeigte. »Himmel« werden jene Engel genannt, die aus dem Leuchten von Gottes Angesicht wie Funken vom Feuer heraus strahlen und durch die Gott all Seine Feinde überwunden hat. Als Gott aber den Himmel und die Erde erschuf, da setzte Er mitten in das Weltall den Menschen. Der Mensch solle als ihr Herr über alles das verfügen. Diese Mittlerstellung bezieht sich auf jene Mitte, in der der Sohn Gottes mitten im Herzen des Vaters weilt. Und wie ein Entschluß aus dem Herzen des Menschen kommt, so kam auch der Sohn aus Gott, dem Vater. Denn das Herz hat seinen Entschluß, und der Entschluß sitzt im Herzen: Beide sind nur eines, und dort ist keine Unterscheidung mehr möglich.

(LDO IX, 9)

69. **Maria**
Detail, Liber Scivias, Kopie ehem. Rupertsberger Kodex, um 1180; Abtei St. Hildegard, Eibingen.

70. **Eine der verschiedenen Gestalten der Ecclesia**
Aus silbernen Bergesgipfeln ragt die gewaltige Gestalt einer Frau heraus, Symbol für den mystischen Leib der Kirche. Auf ihrer Brust entspringt ein Blütenkelch, der sich nach allen Seiten hin öffnet. Mitten in diesem Blütenkelch erscheint eine kleine rotgewandete Frau – Maria, die auch bezeichnet wird als »Schwester der Weisheit«.
Liber Scivias, Kopie ehem. Rupertsberger Kodex, um 1180; Abtei St. Hildegard, Eibingen.

Vom Amt der Kirche

Wie die ewigen Wohnungen in einer heilen Welt schon hier auf dieser Erde vorbereitet werden, beschreibt Hildegard in einer weiteren Schau im zweiten Buche ihres »Scivias«. Da lesen wir diesmal über die »Ecclesia«:

»Danach sah ich eine Frau von hoher Gestalt, anzuschauen wie eine gewaltige Stadt. Ihr Haupt war gekrönt mit wunderbarem Schmuck. Von ihren Armen ging, herabfallenden Ärmeln gleich, ein heller Glanz aus, der vom Himmel bis zur Erde niederstrahlte. Wie ein riesiges Netz öffnete sich ihr Schoß in vielen Spalten, durch die eine große Menschenmenge einzog. Ein Gewand konnte ich an dieser Frau nicht bemerken; ich sah nur, daß ein überaus helles Licht sie ganz durchstrahlte und ein schimmernder Glanz sie rings umfloß. Auf ihrer Brust erglühte blitzend das Morgenrot, und ich vernahm von dorther ein Lied, das in wunderbarstem Zusammenklang vielfältiger Musik das funkelnde Morgenrot besang.

Und die Gestalt breitete ihren Glanz aus wie ein Gewand, und sie begann zu sprechen: ›Ich muß empfangen und gebären!‹ Allsogleich eilte wie der Blitz eine Schar von Engeln herbei. Sie bereiteten Stufen und Sitze in ihr für jene Menschen, durch welche die Gestalt vollendet werden sollte. Alsdann sah ich viele kleine Kinder nahe der Erde durch die Luft daherschwimmen wie Fische im Wasser. Sie gingen durch die Spalten ein in den Schoß der Gestalt. Diese aber tat einen tiefen Atemzug und zog sie in sich ein, zu ihrem Haupte empor, wo sie wieder aus ihrem Munde herausflogen. Dabei blieb sie selber völlig unversehrt« (Sc II, 3).

Das ist die Gestalt der Mutter Kirche, deren Schoß der »trächtigen Erde« gleicht, die fruchtbar werden will. Die Kirche ist »die Erde der lebendigen Früchte guter Werke«, die sie hervorbringt in der »Grünkraft des Glaubens« (LDO V, 33); sie ist »die lebendige Erde« geworden. Wie eine gigantische Stadt die Scharen der Völker aufnimmt und ein weites Netz die Menge der Fische, so nimmt die Mutter Kirche die Schar der Gläubigen auf, ist sie doch »das Land der Lebendigen«. In der Taufe erhält jedes irdische Leben einmalig von ihr ein kostbares Geschenk; es kann damit nun hier auf Erden bereits aufleuchten im Abglanz des ewigen Lebens.

Nur so kann die Kirche bezeichnet werden als »die jungfräuliche Mutter aller Christen«. Durch die Kraft des Heiligen Geistes empfängt und gebiert sie Kinder und schenkt sie Gott, auf daß sie fürderhin »Kinder Gottes« heißen. Dies tut sie aus einer unerschöpflichen Mutterliebe, die sich aufgetan hat, um Menschen zu fangen, zu halten, zu heilen. »Wie der Balsam aus dem Baume quillt, wie aus einem Onyxgefäß die heilsamen Säfte *(fortissimae medicinae)* herausströmen, wie der Karfunkel im lichtesten Glanze erstrahlt, so wurde der Sohn Gottes aus der Jungfrau geboren.« Und wie der Heilige Geist die seligste Mutter so überschattet hat, daß sie ohne Schmerz empfangen und gebären konnte, so durchleuchtet nun auch der

Heilige Geist die Kirche: »die glückliche Mutter aller Gläubigen« (Sc II, 3).

Nicht als natürliche Institution – wie alle anderen Gemeinschaften – manifestiert sich die Kirche; sie repräsentiert vielmehr den Einbruch des göttlichen Lebens in die menschliche Gesellschaftsordnung. Was am Amt der Kirche interessant ist, sind nicht die historisch gewachsenen, dogmatisch geformten Strukturen, sondern ihre rein metaphysisch zu verstehende Wirksamkeit und Wirklichkeit.

Aber auch die Kirche hat ihre Geschichte und ihr Schicksal, und sie zeigt sich uns in einer höchst dramatischen Entwicklung. Da tritt uns im Dämmerlicht der Frühzeit zunächst eine merkwürdige Erscheinung in Gestalt einer Frau vor Augen. Nach unten zu sieht sie ganz schwarz aus; die Füße sind blutigrot. Um ihre Füße aber schwebt eine blendend weiße Wolke.

Das ist die Synagoge, halb blind, tatenlos, neben dem Altar stehend, den sie nicht berührt. Und doch wurden ihre Füße in der Fülle der Zeit vom Blut des Erlösers benetzt. Und aus der weißen Wolke ergießen sich die Schleusen des Lebens. Die Synagoge – mit Abraham an der Wurzel, Mose in ihrer Brust – ist anfangender Glaube, schattenhaftes Vorzeichen der Kirche. Und so wird das Ende der Synagoge zum aufdämmernden Beginn der Kirche.

Die Synagoge wird keineswegs verächtlich gemacht, vielmehr als Vorzeichen geachtet und eingeordnet in die Heilsgeschichte. Sieht doch die Synagoge die Geheimnisse Gottes schattenhaft voraus, ohne sie zu enthüllen (Sc I, 5). »Das alte Gesetz war nur der Schall und ein Schatten des Wortes, auf welches hin das Wort selber, Christus, erschien« (LVM I, 40).

An der – bedenkt man ihre Zeit – so liebevoll gezeichneten Gestalt der Synagoge weiß Hildegard aber auch zu zeigen, daß »der Gott Abrahams, Isaaks und Jakobs« nur als der Gott seines Volkes erscheint, ein Gott, der sich anderen Völkern offensichtlich verschließt. Einem Geist aber, der nicht allen erscheint, kann keine Existenz zugesprochen werden. Und so bleibt – mit Mose und den Propheten – die Synagoge lediglich die Trägerin einer großen Verheißung. Hildegard gibt ihr gleichwohl den Ehrentitel: »Mutter der Menschwerdung *(mater incarnationis)*.« Und wie das Morgenrot vergeht und eitel Sonnenschein bleibt, so tritt das Alte Testament zurück, und es verbleibt die Wahrheit des Evangeliums. Als Schattenbild war sie vorausgegangen, die Synagoge, und ihr folgt nun die Kirche im Lichte der Wahrheit (Sc I, 5).

In ihrer Fülle trat die Kirche, die »Ecclesia«, in Erscheinung, als sie aus der offenen Seitenwunde Jesu hervorging. In leibhaftiger Gestalt zeigt sie sich uns als das offene Gefäß, als der Kelch, der das Blut aus Christi Seite auffängt. Und so ist die Menschheit Christi der Anfang des Gebäudes der Kirche *(Humanitas Christi est principium omnis aedificationis sanctae ecclesiae)*. Eine neue Welt ist erschienen, die Welt der Gnade im »Ursprung der Gerechtigkeit«. Liegt doch der Ursprung der Kirche im Herzen des Vaters seit Anbeginn, in der Seitenwunde des Sohnes beim Opfer Christi wie auch im feurigen Lebenshauch des Heiligen Geistes.

Aus diesem Geiste – sagt Hildegard – hatte der himmlische König auch die »Amtsträger des göttlichen Dienstes« berufen, auf daß sie »klug und gläubig« tätig sein sollten als »Vorgesetzte für die Seelsorge und zur leiblichen Unterstützung *(ad curam animarum et ad sustentationem corporum)*« (Sc II, 6). Sie sollten verbindliche Wegweiser sein an der endlosen Pilgerstraße des Volkes Gottes.

Ein weiteres Mal erschaut Hildegard die Kirche in Gestalt einer überaus schönen Frau. »Von erlese-

71. **Synagoge**
Liber Scivias, Kopie ehem.
Rupertsberger Kodex, um 1180;
Abtei St. Hildegard, Eibingen.

72. **Blutende Seite Christi**
Detail, Liber Scivias, Kopie ehem.
Rupertsberger Kodex, um 1180;
Abtei St. Hildegard, Eibingen.

73. **Der Brunnen des Lebens** *Über der Stadt Gottes erscheinen am Brunnen des Lebens drei Frauengestalten, die ihre Blicke zum Himmel richten, wo sich in einer Wolke die Heiligen zeigen.* Liber Divinorum Operum, um 1240; Ms. 1942 (Detail) Lucca, Biblioteca Statale.

ner Anmut, anziehend in ihrer Lieblichkeit, besaß sie solche Schönheit, daß Menschengeist es nicht zu fassen vermochte.« Die Gestalt ragt von der Erde hoch bis in den Himmel. Ihr Antlitz funkelte von höchstem Glanz; gekleidet war sie in reine Seide, geschmückt mit edlem Gestein. »Aber – ihr Antlitz war mit Staub bedeckt; ihr Gewand an der rechten Seite zerrissen«, die Schuhe beschmutzt.

Auch das ist die Gestalt der Kirche: wie der Mond in stets wechselnder Bewegung *(in circuitione motionis)*. »Viele ihrer Kinder wachsen an Tugenden. Andere wiederum ermatten, weil ihre Sitten unbeständig sind oder ihre Kräfte im Widerspruch zersplittern.« Und so beschreibt die Kirche gleichsam eine Kreisbahn (Sc II, 5). Gleichwohl häuft die Kirche alle Schätze der Weisheit und der Wissenschaft in ihrem Schoß; sie wird zur »Stadt aller Wissenschaften *(urbs scientiarum)*«. In ihr kann der Christ mündig werden!

Aber nicht nur für den einzelnen Menschen bewirkt die Kirche das Heil, sondern für die gesamte Schöpfung. Sie ist das alles umfassende Sakrament des Heiles. »Denn Christus kam und erschloß das Innerste des Gesetzes, indem Er das Wasser des Gesetzes verwandelte in den Wein des Evangeliums und so die starken Ströme der Tugendkräfte entstehen ließ« (Sc III, 11). Alle Welt sollte teilhaben an diesem heilsamen Strom. »Als Gott nämlich den Menschen erschuf, da zeichnete Er in ihm die ganze Schöpfung *(omnis creatura)*, so wie man Zeit und Zahl eines ganzen Jahres auf ein kleines Stück Pergament aufzeichnet. Daher nannte Gott den Menschen ›die ganze Schöpfung‹« (Bw 176).

Nicht ein weltumspannender Geist hat das Weltall erleuchtet, sondern der still blühende Schoß einer Frau. Ist doch die Menschheit die große Jugendliebe Gottes; in Liebe will er seiner Brautzeit gedenken. Und so ist auch die Jungfrau Kirche – Braut des Sohnes – zur Mutter der Heilsgeschichte geworden, fruchtbar in ihren gläubigen Kindern. »Wie Duft aus wohlriechenden Kräutern, so geht aus dem Abgrund der Liebe im Geheimnis des Vaterherzens die Gemeinschaft der Kirche hervor.« War es doch schon immer Gottes Freude, bei den Menschenkindern zu sein!

Die Goldene Stadt Gottes

In seinem befristeten Erdenleben schon baut der Mensch bei der Heiligung seines Lebens mit am Aufbau der »Goldenen Stadt« *(civitas aurea)*, die sich vollenden wird in der neuen Schöpfung einer verklärten Welt, wenn nämlich die mütterliche Kirche ihre Kinder heimführen wird in die ewige Harmonie *(superna symphonia)*. Die Stadt ist zum Sinnbild der Heilsgeschichte geworden, Symbol auch des ewigen Lebens im Himmlischen Jerusalem. Gottes Sohn kam in die Welt und setzte das Heilige ins Werk. Der dramatische Weg der Heilsgeschichte geht seinem Ende entgegen. Die Gemeinschaft der Heiligen wird sie bewohnen, die vielgeliebte, die Goldene Stadt.

Die Goldene Stadt versinnbildet die Kirche. Ihr Fundament ist die Menschwerdung des Sohnes Gottes (LDO V, 18). In ihr erscheint die Gliedschaft Christi als die vollkommen schöne Gesellschaft. Wie eine Frau in riesiger Gestalt erscheint die schöne Braut (Sc III, 11: pulcherrima sponsa, scilicet Ecclesia), riesig wie eine Stadt. Aus lebendigen Steinen fügt sich »der Bau lebendiger Seelen zu seiner Vollendung«, reift »die Schönheit ihrer Wunder in die Reinheit des Glaubens« (Sc II, 3).

In schönster Gestalt erscheint dann die Kirche. Gold und Geschmeide sind ihr Schmuck. Ihre Augen sind wie Saphir, die Nase wie ein Myhrrenberg, der Mund wie das Brausen vieler Wasser. »Wundersam gleichen dem Aufwogen des Meeres die Menschen, wenn sie, die sonst in ihrem Wankelmut hierher und dorthin strömen, vom Feuerbrand des Heiligen Geistes erregt werden und sich vom Irdischen zum Himmlischen erheben« (LDO IX, 8).

Über dieser gewaltigen Stadt erscheinen nun am »Brunnen des Lebens« drei wunderschöne Gestalten: die Liebe, die Demut und der Friede. Die erste dieser Gestalten hebt an zu sprechen: »Ich, die Liebe, ich bin die Herrlichkeit des lebendigen Gottes. Die Weisheit ist mit mir am Werke, und die Demut, die im lebendigen Quell verwurzelt ist, ist meine Gehilfin; ihr ist der Friede verbunden. Durch die Herrlichkeit, die mein Wesen ist, leuchtet das lebendige Licht der seligen Engel; denn wie ein Strahl vom Lichte funkelt, so leuchtet diese Herrlichkeit den seligen Engeln. Es könnte gar nicht anders sein, als daß es erstrahlt, so wie das Licht nie sein kann ohne das Leuchten. Ich habe den Menschen entworfen, auf daß er in mir gleich wie ein Schatten seine Wurzeln finde, so wie man auch den Schatten eines jeden Dinges im Wasser erblickt. So bin ich, die Liebe, ein lebendiger Brunnen, da alles Geschaffene wie ein Schatten in mir west.«

Und wie in der Liebe sich alles geschaffene Sein widerspiegelt, so ist in der Demut Gott Mensch geworden, »um die dürren Blätter, die da abgefallen waren, wieder zur Seligkeit emporzuheben« und damit allem das Heil und den Frieden zu bringen. »Und so sollten Flüsse des lebendigen Wassers über die ganze Welt hin ausgegossen werden, durch die dann die Menschen, wie Fische im Netz gefangen, zurückgeführt werden zum Heile« (LDO VIII, 2).

So, wie David das Haupt des gefallenen Philisters Goliat nach Jerusalem trug, »so trug Mein Sohn dieses Haupt in der Demut Seines Leibes in die heilige Kirche, in die ›Schau des Friedens‹« (Sc III, 1), jene Stadt des Friedens, die denn auch heißt »Jerusalem«.

Also steht sie nun da vor unser aller Augen: ein Bauwerk schönster Pracht im nie verdunkelten Licht, strahlend wie Morgenrot und glänzend in der Sonne Glut. Ihre Fundamente ruhen auf abgestürztem Gestein, von neuem von Gott gefügt. Die Mauern blitzen von Steinen, die leben; ihre Fenster sind Topas und Saphire. Die Türme gleißen auf im Gold und schimmern hell im lichten Glanze der Seligen.

In ihnen spielt und singt der Heilige Geist!

Das Leben lag inmitten der Allmacht verborgen und verharrte im Schweigen, bis die leuchtend weiße, so lange umhüllte Wolke erstrahlte. Da brach das Morgenrot auf und umflutete die Sonne. Diese aber sandte ihre Strahlen aus und erbaute eine gewaltige Stadt. Zwölf Lichter führte sie herauf und brachte im dritten Teil des Schlafs jene, die im tiefen Schlummer lagen, zum Erwachen. Davon erröteten alle Adler, die in der leuchtendweißen Wolke hausten und auf all das Geschehen blickten...

Und so erschien die neue Welt im Feuer, die Welt, die aus den Wassern strömte. Berge und Hügel lagen davon übergossen. Und der ganze Kosmos singt der Engel Lied.

(LVM IV, 31)

74. **Die Stadt Gottes**
Mit dem Gebäude wird uns der Aufbau der »Goldenen Stadt« im Verlaufe der Heilsgeschichte verdeutlicht. Die Taube über dem gewaltigen Berg weist hin auf Gottes Vorsehung im Zuge der Geschichte jenes Heils, für das sich die Engel endgültig entschieden haben, indes der Mensch ihm entgegenreift.
Liber Divinorum Operum, um 1240; Ms. 1942, Lucca, Biblioteca Statale.

Werke des Heils

Die drei großen Visionen der Seherin Hildegard schließen mit der Schau vom Ende der Welt und dem Erscheinen des kosmischen Christus. Im »Liber Scivias« erscheint am Tag der großen Offenbarung der Menschensohn, um mit dem erlösten Menschengeschlecht den Neuen Himmel und die Neue Erde zu bewohnen. Im »Liber Divinorum Operum« sind es die fünf gewaltigen Endzeitalter, die das Kommen des Christus über seiner verklärten Welt anzeigen. Im »Liber Vitae Meritorum« schließlich werden die Freuden der Seligen geschildert als ein Wohnen in der Heimat des verklärten Kosmos.

»Denn unablässig wirkt Gott Seine Werke, bis die Zahl der Auserwählten in der himmlischen Harmonie erfüllt ist. Gottes Angesicht wacht über dieser Harmonie, die nie zu Ende gehen kann« (LDO IX, 9). Alles deutet hin auf den Sohn, der aus dem Herzen des Vaters Mensch wurde, um mit seiner Herzkraft die ganze Welt zu erlösen. Alles weist hin auf den kosmischen Christus.

Alles in der Welt ist unter Weges, auf dem Wege zum Heil: die Natur, die Zeiten, der Mensch, der sich unterwegs verantwortlich entscheidet, im rollenden Rade der Zeiten auf ein Ziel zu: auf die Sonne der Welt, Christus, der des Menschen Natur annahm, um alles kreatürlich Gewachsene und Mißratene zu wandeln ins Heilige, zum Heil. Aus der Keimkraft des werdenden Kosmos (LVM I, 23: prosperitas egrediendi), in der Grünkraft der Welt *(viriditas mundi)* wächst alles in eine unendlich verklärte Verwandlung *(transmutatio indeficiens)*. Gottes Wort strahlt auf in der Gestalt des Menschen *(clarescit in forma hominis)*. Der Mensch aber leuchtet wider im Wort: Wir alle bauen mit an den Gliedern seines schönen Leibes *(Pi 458: aedificantes membra sui pulchri corporis)*.

»Und so braust und zündet der Geist durch das All und will bis an den letzten Tag seine grünende Antwort. Das will und macht Gott, der ohne Anfang ist und kein Ende hat. Im Menschen schuf Er Sein Werk und Seine Wunder, indem Er diesem Menschen den Zug zum Höheren gab und das Offensein für die Antwort. Denn Gott hat den Menschen sehr lieb. Ist Er doch die Liebe!«

Die »leuchtenden Blüten am schönen Leibe« des Gottessohnes, sie sind zur Reife gekommen; sie kehren leibhaftig heim zum Herzen des Vaters, um in ihrer Heimat in Fülle zu leben – in Fülle, was nur heißen kann: in ihrem Leibe. »Denn selbst die Seligen im Himmel genießen noch nicht die volle Freude, solange sie von ihrer leiblichen Hülle getrennt sind. Noch verharren sie in inniger Sehnsucht nach dem Leibe, auf daß sie dereinst mit ihm in um so größerer Freude zu leben vermöchten« (LVM V, 63).

»Sobald sie aber ihren Leib zurückerhalten haben und somit ungeteilt und ganz geworden sind, erschauen sie auch das volle Heil auf das Vollkommenste. Und sie werden nicht mehr verwandelt werden« (LVM I, 42). Bei der Auferstehung erst werden die Körper verwandelt werden in ein unveränderliches Leben.

75. **Die Seele verläßt ihren Leib**
Beim Auszug der Seele aus ihrem Zelt eilen helle und finstere Gestalten herbei. Engel und Dämonen ringen um die Seele des in die Ewigkeit eingehenden Menschen.

Detail, Liber Scivias, Kopie ehem. Rupertsberger Kodex, um 1180;
Abtei St. Hildegard, Eibingen.

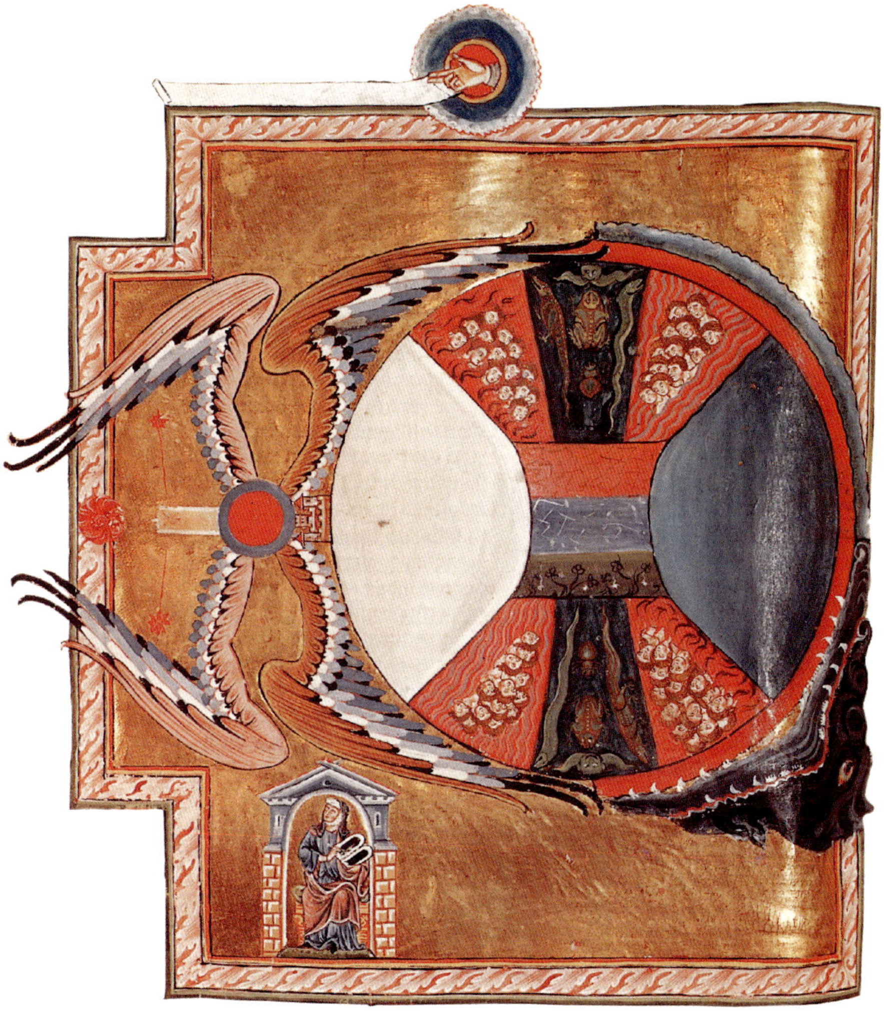

Von der diesseitigen Erde aus wendet die Seherin Hildegardis ihren Blick in die Jenseitsräume, wo das Wirken des Menschen in den Stätten der Läuterung seiner Vergeltung und endgültigen Bestimmung entgegenharrt. In der Mitte dieses geometrisch angeordneten Weltbildes liegt die bewohnbare Menschenerde, von hohen Bergen umgeben, quadratförmig gegliedert und in drei Zonen aufgeteilt. der nach Osten gerichtete Bogenteil erscheint licht und ist der Trostort der Seligen. Der gegenüber liegende Teil ist düster und stellt einen Bußort der Sünder dar. Die fünf Regionen bedeuten, daß der Mensch durch seine fünf Sinne gefestigt und zum Heil seiner Seele geleitet wird. Die rote Kugel im saphirfarbenen Kreis weist darauf hin, daß sich in Gottes Strafeifer die Gerechtigkeit mit der Liebe paart, gehalten von den sich begegnenden Flügeln der göttlichen Vorsehung.

75. **Jenseitsräume**
Liber Divinorum Operum,
um 1240; Ms. 1942,
Lucca, Biblioteca Statale.

77. **Tag der großen Offenbarung**
Am Ende der Zeiten werden im Sturme der Weltreinigung alle Elemente erschüttert, und alle Geschöpfe geraten in Aufruhr. Wie ein Blitz erscheint in einer Wolke der Menschensohn mit offenen Wunden; Engel begleiten ihn und tragen die Zeichen seines Leidens. Die Welt lauscht gebannt auf den Richterspruch Gottes.
Liber Scivias, Kopie ehem. Rupertsberger Kodex, um 1180; Abtei St. Hildegard, Eibingen.

»Die Toten werden sich in ihrer Leiblichkeit zu ewigem Leben erheben« (LVM I, 64). Jetzt noch fesselt das Fleisch im Leibe den Geist: »Dann aber wird der Geist seinen Leib meistern. Und so wird der Mensch ganz und gar heilig sein!«

Im Aufbau der Goldenen Stadt, mit der Glorifizierung des Leibes, über aller Verklärung der Natur wird am Ende der Zeiten die langersehnte Friedenszeit heraufkommen. »In diesen Tagen werden liebliche Wolken mit zarter Luft die Erde berühren und sie von Grünkraft und Fruchtbarkeit überquellen lassen. Alsdann werden die Menschen sich auf jene Gerechtigkeit besinnen, die im Zeitalter weibischer Schwäche der Welt so sehr gefehlt hatte. Die Herrscher und das ganze Volk werden Gottes Satzungen in eine neue Ordnung bringen. Alle Waffen, zum Morden geschmiedet, werden verboten und nur noch solche Geräte zugelassen, die zur Kultivierung des Ackers dienen und zum Nutzen des Menschen Verwendung finden« (LDO X, 20).

Ist dann aber das Ende der Zeiten gekommen, dann werden alle Elemente entfesselt und die Menschen in eine dramatische Bewegung geraten. Feuer bricht aus, Wasser strömt über, die Luft löst sich auf, die Erde wird erschüttert. Blitze zucken, Donner kracht, Berge werden gespalten, Wälder stürzen, und alles Sterbliche haucht sein Leben aus. In dieser kosmischen Erschütterung aber soll alles gereinigt werden. Und so verschwindet alles Häßliche auf der Welt, als sei es nie gewesen (Sc III, 12).

Am »Tag der Großen Offenbarung« wird sie dann in Erscheinung treten, die neue, eine verwandelte Welt. Alle Elemente wurden gereinigt. Alles menschliche Gebein erhob sich und bedeckte sich wie in einem Moment mit seinem Fleisch. »Und alle Menschen standen wieder auf: mit ihren unversehrten Gliedern und Leibern und mit ihrem jeweiligen Geschlecht *(integris membris et corporibus suis in sexo suo)*« (Sc III, 12).

»Und alsbald erstrahlten alle Elemente in größter Heiterkeit, wie wenn ihnen eine schwarze Haut abgezogen worden wäre. Das Feuer brannte nicht mehr, die Luft war ohne Trübung, das Wasser tobte nicht mehr, und die Erde war unvergänglich geworden. Sonne, Mond und Sterne funkelten am Firmament in voller Pracht und großer Schönheit. Sie blieben stehen in ihrer Kreisbahn und schieden nicht mehr Tag und Nacht. Es war nicht Nacht mehr, es war Tag. Das Ende war gekommen« (Sc III, 12).

Und so werden am Ende der Zeiten alle Kräfte des Kosmos, gereinigt vom Elend, im neuen Glanze erstrahlen. Von der Last der irdischen Elemente befreit, wird dann auch der Mensch dem Kreis eines goldenen Rades *(aureus circulus rotae)* gleichen. »Im Geiste und am Leibe gereinigt, wird er ausgereift sein, und alle Verschlossenheit der tiefsten Geheimnisse wird offenstehen. Und Gott wird ihm die Freude in Fülle *(plenum gaudium)* schenken« (LVM VI, 17). In Lebensfrische und Schönheit *(pulchritudo viriditatis)* hat nun alle Welt ihren Bestand (LDO IV, 12).

Die Freude des glückseligen Liebes-Lebens, das ist das letzte schöne Bild der Welt, das schöne Lied der Hochzeit in vollendeter Harmonie *(canticum novum omnis caelestis harmoniae).* Der Bund zwischen Gott und Mensch, er ist von neuem geschlossen und auf ewig. Denn Liebe erschuf die Welt, und die Liebe hat den Lauf nun vollendet: Gottes Werk mitsamt seiner Schöpfung, dem Menschen.

Das Lied der Liebe

Noch einmal klingt das hohe Lied der Liebe auf – und immer wieder die Freude zu leben. Vor aller Zeit und in Ewigkeit erscheint sie, die Liebe, in der vollen Kraft der Gottheit, um die nun Seligen heimzuführen »zur vollen Herrlichkeit der himmlischen Freuden«. In der Lebensfrische der Grünheit und Schönheit erblüht die Herrlichkeit des neuen Paradieses, wo die Seligen »mit Leib und Seele die Freuden genießen«: die »Pracht und die Freude der himmlischen Wunder, wie sie kein Mensch zu erschauen vermag«.

In der Ewigkeit hat sie ihre Heimat, die Liebe. »Denn als Gott die Welt erschaffen wollte, da neigte Er sich herab in der zärtlichsten Liebe. Alles, was nottut zum Leben, sah Er voraus, ganz so, wie auch ein Vater seinem Sohne das Erbe bereitet. Und so bildete Er in glühendem Liebeseifer alle Seine Werke.« So war denn auch im Urgrund der Welt die Liebe schon da. Aus Liebe ist die ganze Schöpfung gestaltet. Aus Liebe hat Gott sich mit der menschlichen Natur bekleidet. »Die Liebe hat den Menschen erschaffen; die Demut hat ihn erlöst. Und die Hoffnung war da wie das Auge der Liebe. Liebe ist in Ewigkeit« (Bw 140–142).

Gottes Sein ist lauter Liebe. Von ihrem Wesen her will Liebe nicht in sich selber bleiben; sie will über sich hinaus, mit einem anderen teilen, will sich mitteilen. Liebe schafft ihrem Wesen nach Beziehung und Begegnung. Und so ist auch Gott kein verborgenes Feuer, sondern ein wirkendes, keine schweigende Flamme, sondern eine Antwort suchende. »Also schafft Gott vernünftiges Leben: auf daß die Augen sehen, die Ohren hören, die Nase riecht und der Mund vernünftige Worte hervorbringt.«

Liebe besteht nicht auf sich selber; sie neigt sich dem anderen zu. Sie schaut nicht auf sich selbst, hat sie doch das Du erkannt. Sie ist vertraut, schenkt Zutrauen und macht vertraut. Die Liebe geht immer aufs Ganze und bis ans Ende. Sie will Erfüllung. »Der Mensch soll daher ganz und gar aus sein auf die Liebe.« Liebe ist ganz licht.

Dem gemäß soll nun auch der Mensch sich einstimmen auf die Süßigkeit der Liebe *(dulcedo dilectionis)* seines Gottes, und er soll dann auch sich selbst lieben *(diligens se ipsum)*. »Denn wenn du Gott liebst, liebst du auch dein eigenes Heil *(Si diligis Deum, diligis salutem tuam)*.« Und wie man nun in allem sich selber lieb hat, so soll man auch seinen Nächsten lieb haben (Sc III, 8).

Auf diese Weise schuf Gott die Welt aus lauter Liebe. Am Anfang lohte das leuchtende Herz in der Brust des Vaters. Sein Licht flammte auf und ertönte im Wort. Im Wort wurde eine Welt der Liebe, wurde das Herz leibhaftig Geist. Und dieses Wort wurde Mensch. Mitten in der Welt west nun des Menschen lichtgrünes Herz. Das Liebes-Werk des Vaters im Wort-Leib des Sohnes ist die lichtgrüne Herzkraft des Geistes *(opus verbi viriditas)*. Der Mensch ist nicht nur geladener Gast beim Mahle der Schöpfung; er ist Partner geworden beim trinitarischen Tischgepräch.

Die Liebe ist »die innigste Kraft, die das Vaterherz atmet«. Und so strömen der Liebe Fluten über alles Sein. Liebe ist liebend *(amantissima)* allem Sein zugetan. Des Gottessohnes Menschwerdung ist ihre Heils-Frucht. Der Liebe Feuer-Geist aber ergießt sich über die ganze Welt: »quellend aus tiefsten Tiefen bis zum hellsten Stern«, hinströmend über die ganze Sternenwelt. Gottes Liebe überbraust des Menschen Herz.

Die Bilder der Liebe sind somit getragen von einem ganz klaren, einem in sich stimmigen Gedankengang: In der Glut seiner väterlichen Liebe hat Gott seinen Sohn gezeugt. Und Gottes Wort ward Leib und hat die Welt durchgeistigt. Der Ursprung der Liebe ist ganz und gar trinitarisch gestimmt: im Urklang des Vaters, im tönenden Wort des Sohnes, im Geisthauch der brennenden Vernunft. So überflutet die Liebe das All (S 36: *caritas abundat in omnia*).

Nicht der Kopf ist das zentrale Organ der Vernunft, sondern das Herz. Das Herz ist das Tor in die Welt. Denn der Kern des Weltalls ist jene Liebe, von der es heißt: »Wer sie richtig erfaßt, der wird weder in der Höhe noch in der Breite danebengreifen. Ist die Liebe doch immer inmitten« (Sc III, 13). Sie übersteigt und überstürzt nichts, sie versteigt und vertieft sich nicht, sie zerstreut und verfließt nicht, weil sie der Kern von allem Sein ist und bleibt. Und so ist denn auch das Herz das Leben und der Lebensgrund *(vita et fundamentum)* jedweder Existenz (LDO IV, 105).

Mit dem »Hohenlied der Liebe« weiß die Seherin Hildegard abschließend zu jubeln: »Es führte mich der König in den Weinkeller, und er ordnete in mir die Liebe. Erquicket mich nun mit Blumen, labt mich mit euren Früchten. Denn ich bin krank vor Liebe!« Dieser König ist Jesus Christus, die schöne Blüte, aus der Jungfrau Maria hervorgegangen: »Er ist die strahlende Sonne, die alle Welt erleuchtet, der wahre Weinstock, der uns mit dem bestem Weine erquickt hat.« Und so ward »mein Geliebter eine Traube für mich« [Hld 1, 13]. Ist doch er selbst das Heil und das Leben *(salus vitae)* (Sc II, 6).

Liebe und Freude sind nun innig vereint. Lieben macht einfach froh. Es wird einem dabei ganz warm um das Herz. Darum kann die Seherin mit dem Hohenliede der Liebe aufjauchzen und singen: »Eßt, meine Freunde, trinkt und berauscht euch, Geliebteste [Hld 5, 1]! Eßt im Glauben, die ihr durch die heilige Taufe meine Freunde geworden. Genießt im Leibe des Eingeborenen das wahre Heilmittel! Trinkt in Hoffnung von diesem Wein, ergreift den Kelch des Heiles! Und so berauscht euch mit Liebe, ihr, die ihr mir so liebenswert seid!« (Sc II, 6). Liebe gibt es bei Hildegard nur in der Freude, Freude nur, wo man liebt. Heißt Lieben doch: sich freuen und den anderen erfreuen!

Wenn dann die Seele am Jüngsten Tag ihr geliebtes Kleid, das Gewand des Leibes, zurückerhalten hat, wird sie mit den Engeln Gottes Herrlichkeit von Angesicht zu Angesicht vollkommen erschauen. Was danach aber geschehen wird, davon werden aufs neue die Engel in ihren Lobgesängen entflammt, so wie sie auch am ersten Schöpfungstage bereits durch den Sieg ihres Streites erleuchtet wurden. Denn nach dem Jüngsten Tage erst werden auch die Engel im Lobpreis Gottes vollendet. Sie werden ihr Loblied anstimmen auf die neuen Wundertaten Gottes, auf den Menschen nämlich. Von nun an werden sie die Zither schlagen, Klang herrlichster Freuden, und nicht müde werden, nicht mehr nachlassen, nimmer dabei ein Ende finden. Und wie sie verlangen, Gottes Angesicht ohne Unterlaß zu schauen, so werden sie auch nimmer aufhören zu staunen über die Werke Gottes im Menschen. Denn der Mensch ist ein Wesen mit Leib und Seele, und er existiert als das Werk Gottes mitsamt aller Kreatur.
(LDO IV, 104)

78. **Die Gestalt der Liebe**
Die »Liebe«, Gestalt der göttlichen Weisheit, thront inmitten der zur Vollendung gekommenen Weltkräfte und Endzeitalter als Symbol für Ursprung, Mitte und Ende der Schöpfungsordnung und Heilsgeschichte. Die untere Hälfte zeigt links die zur Ordnung heimgekehrten Elemente, rechts den Ablauf der Zeiten. Im oberen Feld wird die Dreifaltigkeit repräsentiert: im weißleuchtenden Feld Gottvater, im roten der Sohn, im grünen Feld der Heilige Geist. Und alles umschließt die Liebe. Liebe erschuf die Welt. Die Liebe hat sie geheilt und vollendet.
Liber Divinorum Operum, um 1240; Ms. 1942, Lucca, Biblioteca Statale.

Ausblick an der Schwelle eines neuen Jahrtausends

Die Welt der Hildegard von Bingen hat sich vor uns aufgetan mit ihren Leitbildern und Symbolfiguren, mit ihren Herzworten und jenen Schlüsselbegriffen, die wir aus ihrem Schriftgut herausgeholt und zu deuten versucht haben: als ein Zeichen für ihre wie auch unsere Zeit – und damit als eine große Herausforderung!

An der Schwelle eines neuen Jahrtausends suchen wir nach geistiger Orientierung, nach bewährten Leitbildern, nach einer verbindlichen Richtung. Innerhalb einer einzigen Generation hat sich die leistungsorientierte Industriegesellschaft in eine hochdifferenzierte Informationsgesellschaft verwandelt, die uns zwar laufend Informationen liefert, aber kaum noch Orientierung vermittelt. Orientierungslosigkeit ist zum Symptom unserer Zeit geworden, zu einem Signal aber auch, nach neuer Ordnung zu suchen, nach Werten, nach einem Sinn des Lebens.

Nun haben es die Bedingungen der modernen Lebenswelt mit sich gebracht, daß der Mensch nicht ohne weiteres mehr eingebunden ist in ein höheres Bezugssystem, das ihn bindet und bildet, das ihm Halt gibt und Geleit, das ihn verpflichtet und verbindet. Während die modernen Wissenschaften dem Menschen ein Verfügungswissen von enormer Qualität zu bieten haben, steht ein analoges Orientierungswissen nicht mehr zur Verfügung. In die wachsenden Hohlräume nisten sich Surrogate ein, Ersatzbefriedigungen in Form von Luxuskonsum und Suchtverhalten, die den Menschen mehr und mehr – an Leib wie Seele – kränken und krankmachen. Wir sind auf dem besten Wege, die Statisten und auch Autisten einer Multimedia-Welt zu werden: allein mit allen! Einer immer sprachloser werdenden Welt hasten wir entgegen, wo der Bild-Schirm zum Fenster in die Welt geworden, zu einem Phantom aber auch, das uns abschirmt gegen die Abbildung der Wirklichkeit, einer wirklichen Welt, die wir sehen und riechen und schmecken wollen, die wir greifen und dann auch begreifen möchten, so wie dies der Mensch des Mittelalters augenscheinlich noch vermocht hat.

Was uns mit Hildegard von Bingen begegnet ist, das ist zunächst eine fremde Welt aus fernen Zeiten – das müssen wir einfach zugeben, wenn wir sie vergleichen mit unserer hochzivilisierten, dichtvernetzten, zugerüsteten Weltkultur, die freilich in ihrer Rat- und Sprachlosigkeit noch nicht weiß, wie sie sich denn nach der Jahrtausendwende wieder einzupendeln hätte in Maß und Mitte einer wirklich gebildeten Welt. Wir vermögen zwar heute schon beliebig Daten abzurufen, aber sie ereichen uns nicht. Wir werden pausenlos durch Bilder ins Bild gesetzt, finden aber keine Bildung. Der Computer kann lediglich antworten, aber keine Frage stellen. Wo aber im Menschen die Frage nicht ist – so die heilige Hildegard –, da ist auch nicht die Antwort des Heiligen Geistes!

Eine geheimnisvolle Welt aus heiligem Geiste ist Hildegards Welt sicherlich – dieser Eindruck wird uns bleiben, wenn wir dieses Bild vom ganzen Menschen in seiner vollen Wirklichkeit noch einmal im Reigen der Bilder an uns vorüberziehen lassen. Bild – das ist bei Hildegard immer eine Gestalt, in der Wesenhaftes aufleuchtet, ist mehr noch: Gestaltung, zur Bildung erhöht. In dieser Bildung ereignet sich etwas sehr Persönliches, das angeht und anspricht und in Anspruch nimmt. Daher immer wieder: das Licht und das Schöne, das Leben und die Freude! Hildegards Schlüsselbegriffe sind Leitbilder, herzerfrischend starke Bilder, welche Zeugnis ablegen für die Natürlichkeit der Natur, die Menschlichkeit des Menschen, die Göttlichkeit Gottes. In diesem Weltgedicht dominiert kein Begriff und geistert keine Idee; hier lebt das Wort, das im Anfang war und das leibhaftig in die Welt gekommen. Inmitten der Schöpfung wird der Mensch vom Schöpfer-Wort persönlich in Anspruch genommen, in einen leibhaftigen Dialog gestellt, in ein lebenslanges Gespräch. Das in erster Linie ist es wohl, was uns diese alte Welt so modern erscheinen läßt.

Wir haben unsere moderne Welt ins Supraastronomische und ins Ultramikroskopische zu erweitern verstanden und suchen nun zwischen diesen unermeßlichen Polen verzweifelt nach einer Mitte und nach einem Sinn. Und nun wird sie, die Welt des Mittelalters, uns wieder als etwas sehr Geheimnisvolles vor Augen gerückt: das Mysterium eines Daseins und Lebendigseins, die Verwurzelung zeitlicher Existenz in ewigem Ursprung, alle Erscheinungen der so schönen Natur, alle Leiderfahrung auch in befristetem Erdenleben, nicht zuletzt aber die feste Aussage über des Menschen Bestimmung, die uns berechtigt zur Hoffnung auf Heil. Damit aber steht der Mensch als ein Ganzes wieder vor uns: als Geschöpf verwurzelt im Geheimgrund der Gottheit, in seiner vollen Leiblichkeit in Erscheinung tretend, gedacht als ein liebendes Miteinander von Mann und Frau, bestimmt zum Wirken an der Welt und damit auch zur Entfaltung seiner selbst, berufen zum Heil der Seele wie des Leibes, zu Heilung und Heil des ganzen Menschen.

Eine immer noch zu entdeckende Welt aber bleibt uns mit Hildegard auch – das darf ich persönlich bekennen, der ich vor nunmehr 50 Jahren bereits angefangen habe, als junger Medizinstudent in der Benediktinerabtei Maria Laach die ersten Hildegard-Texte zu buchstabieren, zu übersetzen, auszudeuten, Texte, die mein ganzes akademisches Leben begleitet haben und vor denen ich oft auch heute noch stehe, als läse ich zum ersten Male darin. Und es geht auch nicht anders: Man muß Hildegard lesen, immer wieder von neuem lesen, bis man gelernt hat, sie nicht nur als historische Persönlichkeit zu betrachten, sondern als eine Quelle, die unerschöpflich ist. Erst dann kommen alle die Bilder voller Symbolik einem so nahe, als läge nicht diese gewaltige Schicht, die Geschichte der Jahrhunderte, dazwischen. Und so ging es mir denn auch weniger um die sonst übliche Wirkungsgeschichte einer historisch herausragenden Gestalt, als vielmehr um die Befragung einer Vergangenheit im Interesse der Jetztzeit und damit um eine ständige Herausforderung.

Führe ich mir dieses Bild des Menschen in der Welt in seiner großartigen Geschlossenheit vor Augen, so möchte ich meinen, daß auch die tragenden Systeme des kommenden Jahrhunderts noch von jenen beiden Richtungen geprägt werden, die Hildegard in allen ihren Schriften besonders betont hat: die Heilkunde nämlich und eine Heilskunde, eine Theologie allerdings, die dann schon etwas mehr sein müßte als Dogmatik, Moralistik und Seelsorge. In Hildegards theologischem Denken ist denn auch nichts zu spüren von jener so unseligen Differenzierung zwischen irdischem Glück und jenseitigem Heil, wie es

Theologen späterer Jahrhunderte predigen sollten. Ihre Predigten sind wahrhaft noch »Hirtenbriefe« an den ganzen Menschen. Bei Hildegard steht alle Gegenwart im Lichte einer schon hier und heute anbrechenden Heilsgeschichte und gewinnt dadurch – bis in die Bereiche des Alltags hinein – eine neue Qualität.

In dieser Kultivierung des ganz konkreten Alltags sah die Äbtissin und Ärztin Hildegard eine wesentliche Aufgabe des Menschen, einen Auftrag auch für eine Heilkunde, die neben all ihren sicherlich notwendigen heiltechnischen und pharmazeutischen Maßnahmen auch wieder berücksichtigen müßte: ihre anthropologische Fundierung, eine ökologische Orientierung im kultivierten Umgang mit der Natur, nicht zuletzt eine ethische Grundhaltung in der so schwierigen Güterabwägung der Mittel und in der Verantwortung für den Mitmenschen.

Für beide Disziplinen würde dies bedeuten, daß sie sich – wie wir dies im Werk der heiligen Hildegard so exemplarisch gefunden haben – wieder erinnern an ihre pädagogischen Prinzipien, an eine Lehre also, die nicht unterrichten will, sondern entzünden; an ihre ästhetischen Dimensionen, die Herrlichkeit Gottes wie die Heilkraft des Schönen; und nicht zuletzt an den therapeutischen Auftrag, nicht nur der Heilkunde, sondern auch einer Heilskunde. Hat Gott doch den ganzen Menschen bei seinem Namen gerufen, in Anspruch gestellt. Und so bleibt uns als die Hoffnung eines neuen christlichen Humanismus: daß der Mensch heilbar ist!

Hildegard von Bingen – bei allem Leid, aller Schwermut auch dieses geprüften Lebens: Es war ein gelungenes Leben, ein geglücktes; glücklich auch, weil es für jemand anderen da war, zu ihrer Zeit und für wie viele noch in allen Zeiten danach; ein Leben in Freude, das einen auch heute noch glücklich machen kann. Und so könnte und sollte uns auch heute noch ihr »Scivias« eine Leuchte sein, mit der wir die Wege wissen und weisen, Wege und Weisungen in die Schönheiten der Schöpfung und über sie in die Herrlichkeit Gottes, Wege zum Heile des Menschen, zum Heil des ganzen Menschen mitsamt seiner Welt.

79. **Hildegard** (Detail)
Liber Divinorum Operum,
um 1240; Ms. 1942,
Lucca, Biblioteca Statale.

Anhang

Glossar

Abaelard (1079–1142)
Petrus Abaelardus, Philosoph und Theologe an der Schule von Paris; gründete auf dem Berg der hl. Genoveva eine eigene Schule; hatte ein Verhältnis mit seiner Schülerin Heloïse, einer Nichte des Kanonikus Fulbert, der ihn deshalb entmannen ließ; hinterließ zahlreiche Schüler, darunter drei Päpste; beschrieb sein dramatisches Schicksal in einer »Lebensgeschichte« *(Historia calamitatum)*.

Ambrosius (um 339–397)
Bischof von Mailand, führte in der westlichen Kirche den hymnischen Chorgesang ein (Ambrosianischer Choral). Einfluß auf die spätere Theologie vor allem durch seine Geschichte des Sechtstagewerkes (Genesiskommentar, Hexaëmeron).

Apokalypse
Visionäre Jenseitsschilderungen aus der Geheimen Offenbarung des Johannes, dem letzten Buch des Neuen Testaments. Als Kernthema der Heilsgeschichte in der lateinischen Scholastik, aber auch in frühmittelalterlichen Dichtungen häufig kommentiert; in der bildenden Kunst in Bilderfolgen reich illustriert.

Aristoteles (384–321 v. Chr.)
Griechischer Philosoph und Wissenschaftssystematiker. Übte im frühen Mittelalter als Autorität in Logik und Dialektik breite Wirkung auf die Frühscholastik aus (Aristotelismus); seine naturkundlichen und philosophischen Schriften wurden erst durch die Übersetzungen aus dem Arabischen bekannt (s. Scholastik, Thomismus).

Arnold von Brescia († 1154)
Augustiner-Chorherr in Rom; stellte sich an die Spitze einer Aufstandsbewegung des römischen Volkes, die sich gegen die Verweltlichung des Klerus und den Mißbrauch kirchlicher Ämter wandte; wurde als Rädelsführer 1154 gefangengenommen und hingerichtet.

Artes liberales
System der »Sieben freien Künste« *(artes)*; erfaßt als Dreierweg *(Trivium)* die formalen Lehrfächer Logik, Rhetorik und Dialektik, als Viererweg *(Quadrivium)* die Realfächer Arithmetik, Geometrie, Musik und Astronomie. Als »freie« Künste werden sie bezeichnet im Gegensatz zu den »angewandten« Künsten und Handwerken *(Artes mechanicae)*.

Augustiner
Im Zuge der Ordensreformen des 11. Jahrhunderts bildeten die Augustiner-Chorherren eigene Kanoniker-Gemeinschaften, die sich zu Armut und Gehorsam verpflichteten *(Regula ad servos Dei)*, eine eigene Organisation *(Ordo monasterii)* schufen und sich vor allem der Seelsorge und Missionierung widmeten.

Augustinus (354–430)
Bischof von Hippo Regius in Nordafrika; einer der großen Kirchenlehrer; bedeutender Einfluß auf Theologie und Philosophie des frühen Mittelalters. Mit seiner Schrift über den Gottesstaat *(De civitate Dei)* Einfluß auf mittelalterliche Bilder der »Stadt Gottes«, so auch bei Hildegard von Bingen.

Baptisterium
Ursprünglich Badebassin der römischen Thermen, seit dem 4. Jahrhundert Bezeichnung für das christliche Taufgebäude mit seinem Taufbecken *(pistina)*. Seit dem 8. Jahrhundert rückt an die Stelle eines besonderen Taufhauses der Taufstein (oder das Taufbecken) innerhalb des Gotteshauses.

Barbarossa (um 1122–1190)
Friedrich I., deutscher Kaiser aus dem Hause der Staufer; 1152 zum König gewählt, 1155 in Rom zum Kaiser gekrönt; unternahm fünf Italienfahrten. Nahm 1188 auf dem Mainzer Hoftag das Kreuz, führte 1189 das Kreuzfahrerheer und ertrank am 10. Juni 1190 im Fluß Saleph in Kleinasien, ohne das Heilige Land erreicht zu haben.

Beda Venerabilis
(um 674–735)
Angelsächsischer Mönch und umfassend gebildeter Gelehrter, Verfasser einer Kirchengeschichte *(Historia ecclesiastica)* und einer Naturkunde (De natura rerum), die großen Einfluß auf die frühmittelalterlichen Disziplinen nahmen. Bonifatius rühmt ihn als den »Erforscher der Heiligen Schrift«.

Benedikt von Nursia
(um 480 – um 560)
Vater des abendländischen Mönchtums; gründete um 529 ein Kloster auf dem Monte Cassino und gab seinen Mitbrüdern eine eigene Regel *(Regula Benedicti)*. 1964 erhob ihn Paul VI. zum Patron Europas *(Patronus totius Europae)*.

Berengar von Tours
(um 1000–1088)
Leiter der Schule von Tours, Vertreter einer rationalistischen Strömung in der abendländischen Theologie; kam durch seine Eucharistielehre *(De sacra coena)* in Konflikt mit den kirchlichen Autoritäten, zumal er die Gegenwart Christi im Abendmahl symbolisch zu deuten suchte.

Bernhard von Clairvaux
(um 1090–1153)
Trat um 1110 mit 30 Gefährten in das Kloster von Cîteau ein, gründete 1115 sein Kloster Clairvaux und von dort 70 weitere Konvente; übte als Ratgeber eine besondere Rolle in allen politischen und kirchlichen Bereichen aus (Kreuzzüge, Papstschisma). Hinterließ durch seine Reform des Mönchtums tiefe Spuren in der hoch- und spätmittelalterlichen Kultur.

Boëthius (um 480–524)
Anicius Manlius Torquatus Severinus Boëthius, bedeutender Staatsmann und Gelehrter aus altrömischem Geschlecht, Minister am Hofe Theoderichs *(magister officiorum)*; verfaßte Schriften zu den »Artes« (Logik, Mathematik, Musik). Wegen Hochverrats gefangengenommen, schrieb er im Kerker den »Trost der Philosophie« *(De consolatione philosophiae)*. 524 hingerichtet.

Calendarium
Abgeleitet von lat. »calendae«, dem ersten Tag im Monat; bezeichnet die Zeiteinteilung nach Tagen, Monaten und Jahren aufgrund der Bewegungen von Sonne und Mond. Aus dem Kalendarium entwickelte sich der christliche Festkalender. Ein »Immerwährendes Kalendarium« taucht erstmals Mitte des 12. Jahrhunderts in einem Werk der Äbtissin Herrad von Landsberg auf mit dem Titel: »Garten der Wonnen« (Hortus deliciarum).

Cassiodorus
(um 485 – um 580)
Römischer Staatsmann und Gelehrter; machte sein Kloster »Vivarium« zu einem Zentrum des religiösen und kulturellen Lebens; beeinflußte das frühmittelalterliche Bildungswesen besonders durch seine Schrift über die religiösen wie die profanen Disziplinen *(Institutiones divinarum et saecularium litterarum)*.

Constitutio
Im Hochmittelalter gebräuchliche Bezeichnung für Vertragswerke, Samm-

lungen von Gesetzestexten u. ä. Bei Hildegard als »constitutio prima« Ausdruck für den ursprünglichen Zustand des von Gott erschaffenen und zum Heil berufenen Menschen.

Cluny
Kloster in Burgund, seit seiner Gründung (910) Zentrum der monastischen Reformbewegung mit Höhepunkten im Hochmittelalter. Die cluniacensische Lebensform *(Ordo Cluniacensis)* breitete sich im 12. Jahrhundert in deutschen Klöstern (Siegburg, St. Blasien, Hirsau) aus, bald aber auch über ganz Europa. Großer Einfluß auf die hochmittelalterliche Baukunst.

Destitutio
(Auch*: deformatio, degeneratio)*; Bezeichnung der durch den Sündenfall des Menschen verfremdeten Wirklichkeit, gekennzeichnet durch Not, Elend, Krankheit und Tod.

Deus faber
Im Mittelalter häufig verwendete Bezeichnung für Gott als Künstler (Handwerker, Schmied, Töpfer, Baumeister u. ä.); verdeutlicht in den Schriften Hildegards vor allem die schöpferische Potenz der Gottheit *(Vir Deus)*.

Dominikaner
Als Orden der »Predigerbrüder« *(Ordo fratrum Praedicatorum)* 1215 von Dominikus (1170–1221) gegründet; ausgeprägtes Schulsystem; großer Einfluß der Ordensbrüder auf die mittelalterlichen Universitäten (Albertus Magnus, Thomas von Aquin).

Dualismus
Abgeleitet von lat. »dualis« = auf zwei gegensätzliche Dinge zielend; hier: Vorstellung eines antithetischen, die Wirklichkeit entzweienden Doppelprinzips von Gut und Böse, Seele und Leib, Geist und Stoff; Spekulationen um eine höhere oder niedrigere Natur; läuft in der Regel auf Leibfeindlichkeit hinaus.

Franziskaner
Brüdergemeinde (»Minderbrüder«, *Fratres minores*) um Franziskus von Assisi (1181–1226), gegründet um 1210; widmet sich in Armut, Demut und Gehorsam der Pflege des Nächsten; gab sich als Bettelorden eine eigene Regel *(Forma vitae)* und mit der Einrichtung von Konventen, Spiritualen und Observanten eine strenge Organisation.

Genitura mystica
Wörtlich: geheimnisvolle Erschaffung des Menschen; bedeutet bei Hildegard von Bingen den Zustand des ursprünglichen, von Gott geschaffenen Lebens im Paradies.

Genesis
Texte aus dem 1. Buch Mose mit den wichtigsten Glaubensgrundlagen der Weltschöpfung, des Sündenfalls und der Vertreibung aus dem Paradies (in der katholischen Tradition zugleich Bezeichnung für das erste Buch der Bibel). Wird mit dem frühen Mittelalter aufgrund bildlicher Vorlagen und einer moralisierenden Nutzanwendung (Wiener Genesis) zu einer eigenen Literaturgattung. Starker Einfluß auf Buch- und Glasmalerei.

Gesta
Als »res gestae« bezeichnen die mittelalterlichen Geschichtsschreiber die Gesamtheit historisch nachweisbarer Tatsachen *(facta, acta, gesta)*. Spezielle Bezeichnung für »Gesta Romanorum«, eine spätmittelalterliche Sammlung von Fabeln und Novellen zur Volksbildung oder zu Predigtzwecken.

Gratian († um 1150)
Übte eine Lehrtätigkeit als Magister in Bologna aus; seine Rechtssammlung *(Decretum Gratiani)* gab dem Kirchenrecht *(Corpus Iuris Canonici)* seine erste wissenschaftliche Grundlage.

Gregor der Große
(um 540–604)
Kirchenlehrer; als Papst erster Mönch auf dem Stuhle Petri; veranlaßte die Missionierung der Angelsachsen, führte liturgische Reformen durch (u. a. Gregorianischer Gesang); hatte mit seiner Schrift »Aufgaben des Hirtenamtes« *(Regula pastoralis)* großen Einfluß auf die Bildung des Klerus.

Gregor VII. (1020–1085)
Zunächst als Mönch Hildebrand für die Finanzverwaltung der römischen Kirche verantwortlich; gewann zunehmend Einfluß auf die päpstliche Politik und wurde 1073 Papst; widmete sich der Kirchenreform (Gregorianische Reform) und verfocht die Herrschaft der Kirche über die Welt; zwang 1077 Heinrich IV. zum Bußgang nach Canossa, wurde 1084 aus Rom vertrieben und starb am 25. Mai 1085 im Exil in Salerno.

Honorius Augustodunensis
(um 1080 – um 1156)
Benediktinermönch, später Einsiedler bei Regensburg (daher auch: Honorius von Regensburg). Verfaßte Anfang des 12. Jahrhunderts zahlreiche theologische (z. B. »Elucidarium«) und naturkundliche (z. B. »Clavis physicae«) Sammelwerke.

Hrabanus Maurus
(um 780–856)
Abt in Fulda, seit 847 Erzbischof von Mainz. Beteiligte sich an kirchlichen (Abendmahlsstreit) und politischen (Reichseinheit) Auseinandersetzungen und entfaltete eine reiche literarische Tätigkeit. Als »Lehrer Deutschlands« *(Praeceptor Germaniae)* gerühmt, erlangte er eher noch eine gesamteuropäische Wirksamkeit.

Hugo von St. Victor († 1141)
Theologe und Philosoph an der Schule von Paris. Gab eine weitverbreitete Einführung in das Studium (Didascalicon), verbunden mit einer allgemeinen Wissenschaftslehre. Verband – analog zu Hildegard – die Schöpfungslehre *(opus conditionis)* mit dem Erlösungswerk *(opus restaurationis)*. Einflüsse auf Theologie und Geschichtsschreibung der Spätscholastik.

Humanismus
Ein moderner Begriff für die Bildungsbewegung im Übergang vom Mittelalter zur Neuzeit, auch als »Renaissance-Humanismus« bezeichnet. In Anlehnung an die Antike und in Ablehnung der Scholastik des Mittelalters sollten Literatur und Künste zu neuer Blüte erweckt werden. Mit den »Studia humanitatis« – einem bereits von Cicero geprägten Begriff – bildet der Mensch sich zu einem sprachlich mündigen und moralisch verantwortlichen Wesen.

Inkarnation
Menschwerdung des Gottessohnes, von den Kirchenvätern auch als »Fleischwerdung« (griech. »sarkosis« oder lat. »incarnatio«) bezeichnet. In der Frühscholastik, so auch bei Hildegard, dominiert die Auffassung, daß die Menschwerdung des Gottessohnes als absolutes Heilswerk zu betrachten sei *(praedestinatio Christi absoluta)*, sich in der Heilsgeschichte also auch ohne den menschlichen Sündenfall ereignet hätte.

Interdikt
Eine Kirchenstrafe, die Personen oder Gruppen das Recht auf gottesdienstliche

Handlungen entzieht *(cessatio a divinis)*, im einzelnen: das Einstellen des feierlichen Gottesdienstes, das Verbot zum Spenden der Sakramente, die Verweigerung des kirchlichen Begräbnisses. Wurde vom 12. Jahrhundert an auch als machtpolitisches Instrument der Päpste oder Bischöfe gegen weltliche Hoheitsträger eingesetzt.

Investiturstreit
Konflikt zwischen Papsttum und Königtum in der Frage der Einsetzung von Bischöfen und Reichsäbten *(Investitur)*, zugleich Prinzipienstreit um die Machtbefugnisse von Reich und Kirche. Nach Beendigung des Konflikts (um 1120) wurde die traditionelle Einheit von Reich und Kirche (Reichskirchensystem) abgelöst durch eine Gewaltenteilung, die bis zum ausgehenden Mittelalter bestimmend blieb (s. Wormser Konkordat).

Isenheimer Altar
Dreifach wandelbarer Flügelaltar; Hauptwerk des Matthias Grünewald, 1512–1515 erstellt für das Antoniterkloster von Isenheim im Oberelsaß, heute im Museum zu Colmar.

Isidor von Sevilla
(um 560–636)
Wurde um 600 Bischof von Sevilla und Ratgeber des Westgotenkönigs Sisebut. Neben zahlreichen Schriften zur Bibelerklärung verfaßte er ein enzyklopädisches Riesenwerk mit dem Titel »Etymologiae« (= Sacherklärungen aus dem Wort), später auch »Origines« genannt; es wurde zum meistbenutzten Lexikon über das theologische wie profane Wissen seiner Zeit.

Ivo von Chartres
(um 1040–1116)
Wurde 1090 Bischof von Chartres. Als bedeutender Kenner des kirchlichen wie weltlichen Rechts griff er mäßigend in den damaligen Streit um die Gewaltenverteilung in Reich und Kirche ein (s. Investiturstreit).

Kanoniker
Bezeichnung für einen Kleriker *(canonicus)*, der unter Leitung des Bischofs Liturgie feiern durfte und seinen Unterhalt aus Kirchenvermögen bezog. Der Begriff geht auf »canon« zurück, was bedeutet: Liste der versorgungsberechtigten bischöflichen Kleriker.

Karmeliter
Orden, benannt nach dem Gebirgszug Karmel im Heiligen Land; erhielt durch den Patriarchen von Jerusalem Ende des 12. Jahrhunderts eine Regel (*formula vitae*); mußte Ende des 13. Jahrhunderts das Heilige Land verlassen und nach Europa ausweichen, wo er sich mehr und mehr den Bettelorden anglich.

Katharer
Größte mittelalterliche Sekte, abgeleitet von griech. »katharos« = rein; gründete im Laufe des 12. Jahrhunderts eigene Kirchen in Bosnien, Dalmatien, aber auch in Oberitalien, Frankreich und in den Rheinlanden. Annahme eines bösen Prinzips in der Welt (s. Dualismus); asketische Lebensführung bei Ablehnung weltlicher (etwa Ehe) und geistlicher (etwa Sakramente) Güter.

Kirchenväter
Anerkannte Lehrer *(magistri probabiles)* der frühen Kirche (bis zum 7./8. Jahrhundert); zu unterscheiden von den Kirchenlehrern *(doctores ecclesiae)* auch späterer Jahrhunderte, die als besonders qualifizierte Lehrzeugen gelten.

Klausur
Abgeleitet von lat. »claustrum«, dem engeren Lebensbereich des Mönches; abgesichert durch die Beständigkeit des Ortes *(stabilitas loci)*; gab als Kern jeder Klosteranlage dem ganzen »Kloster« seinen Namen.

Konkordanz
Bei Hildegard von Bingen als »Übereinstimmung aller Wesen« gemeint; im weiteren Sinne als ein Verzeichnis übereinstimmender Sachen oder Gedanken zu verstehen.

Konvent
Versammlung der sitz- und stimmberechtigten Bewohner eines Klosters. Im weiteren Sinne die Gesamtheit der Mönchsgemeinschaft wie auch des Klosters selbst.

Kosmos
Abgeleitet von griech. »kosmos« = Weltordnung. Die mittelalterliche Welterklärung (Kosmologie) bemüht sich um die Auslegung der Heiligen Schrift in Bezug auf den Bau des Weltalls, die Verteilung der Elemente sowie Anfang und Ende der Welt. Der Mensch steht im Mittelpunkt dieser durch die Weisheit und Güte Gottes geschaffenen Welt.

Lactantius (um 250–325)
Christlich-lateinischer Schriftsteller und erster römischer Christ afrikanischer Herkunft; beruft sich auf heidnische Quellen und sucht einen Ausgleich mit dem Bildungsbürgertum seiner Zeit; galt in der Renaissance als christlicher Anhänger des Cicero *(Cicero Christianus)*.

Lumen corporis
Wörtlich: »das Licht des Leibes«; bei Hildegard: die ursprünglich lichte, vom Geiste durchstrahlte Gestalt des Menschen, dessen Leib durch den Sündenfall verdunkelt wurde.

Magister
Lehrer; bildeten als »doctores« in den frühen Universitäten einen eigenen Stand. Allgemeiner: Titel als Ausweis für Autorität und Weisungsbefugnis; Hildegard von Bingen führt in der Regel den Titel »Lehrerin« *(magistra)* oder »Mutter« *(mater)*, im Schutzbrief Barbarossas auch die Bezeichnung »Äbtissin« *(abbatissa)*.

Ministeriale
Dienstmannen eines Königs *(ministeriales)*; seit dem 11. Jahrhundert Herausbildung eines eigenen Standes mit wachsenden Dienstrechten; erhielten als »Reichs-Ministeriale« im 12. Jahrhundert oft bedeutenden Einfluß durch politische und administrative Beraterfunktionen.

Misericordia
Tugend der Barmherzigkeit; spielt in Hildegards Heilkunde die Rolle eines reinigenden und heilenden Prinzips; gilt allgemein als Symbol der Zuneigung und Nächstenliebe.

Mystik
Vielschichtiger Begriff, der sich in besonderen Erlebnisformen (Versenkung, Erscheinungen) wie auch in spekulativen Bereichen (Gottesschau) äußert; Voraussetzungen mystischen Erlebens sind in der Regel Askese und Meditation. Hildegards Lehrvisionen zählen weniger zur Mystik als zur Prophetie.

Natura gloriosa
Als »Herrlichkeit der Natur« Beschreibung für den ursprünglichen, von Gott gewollten Zustand der physikalischen Welt, die durch den Sündenfall verkehrt wurde in eine verzerrte, verdorbene, oft häßliche und bedrohliche Natur.

Opus corporis
Wörtlich: »das Werk des Leibes«; bei Hildegard von Bingen Symbol für die Aufgabenbereiche der Seele an allen leibhaftigen Verrichtungen und deren Sinngebung.

Ordo
Wörtlich ursprünglich: »Kampfordnung«; Begriff für soziale Ordnung von Kommunitäten und ihren Lebensformen (Mönchs- und Ritterorden, Haus und Familie, Ordnung der Stände); im engeren Sinne Anordnung und Ablauf liturgischer Handlungen.

Petrus Venerabilis
(um 1092–1156)
Abt von Cluny; verfaßte zahlreiche Predigten, Briefe und Gedichte, übernahm wichtige diplomatische Aufgaben; regte die älteste Übersetzung des Korans in das Lateinische an.

Pythagoreisch-platonische Überlieferung
Geht zurück auf Pythagoras, den griechischen Philosophen des 6. Jahrhunderts v. Chr., der in allen Dingen nach zahlenmäßig geordneten harmonischen Verhältnissen suchte, so in der Musik, der Astronomie und der Anatomie; großer Einfluß auf die spätantiken Schulen der Neuplatoniker und die Zahlenmystik des hohen und späten Mittelalters.

Prämonstratenser
Chorherren nach der Augustinerregel, gegründet um 1120 von Norbert von Xanten im Waldtal von Prémontré bei Laon. Pflege der Seelsorge, der Liturgie und der Missionierung. Nach Norberts Wunsch sollte das Kloster wieder Abbild der Urkirche werden.

Rationalismus
Neuzeitliche Bezeichnung für den Vorrang des Verstandes *(ratio)* im philosophischen Denken. In der mittelalterlichen Theologie oft als »Scheinweisheit« bekämpft, da sie das Denken verflache und die Glaubenskraft entleere.

Regula Benedicti
Grundbuch der mönchischen Lebenskultur mit Vorschriften für den Abt, mit der Regulierung des Gottesdienstes und der täglichen Lebensführung sowie mit Anleitungen zur Krankenpflege und zur Fürsorge für die Gäste.

Restitutio
Wörtlich: »Wiederherstellung«; bei Hildegard Schlüsselbegriff für die am Ende der Heilsgeschichte mit dem Jüngsten Tag wiedererlangte ursprüngliche Verfassung der menschlichen Existenz an Leib wie Seele.

Rupert von Bingen
(um 850)
Sohn eines Vasallen Karls des Großen; nach Rückkehr von einer Pilgerreise nach Rom widmete er sein Leben den Armen, starb mit 20 Jahren. Sein Leib wurde in einem Frauenkloster bei Bingen beigesetzt; deren verfallene Kirche wurde um 1148 von Bischof Hermann von Hildesheim an Hildegard von Bingen übertragen, die dort ihr Kloster Rupertsberg gründete.

Rupert von Deutz
(1180–1230)
Benediktiner in Lüttich und Siegburg, 1120 Abt des Klosters St. Heribert in Köln-Deutz; Vorkämpfer einer Kirchenreform; vertrat eine stark auf Christus ausgerichtete Geschichtstheologie *(praedestinatio Christi absoluta)*.

Sankt Gallen
Benediktinerabtei, 719 von Otmar bei der Einsiedelei des heiligen Gallus gegründet, wurde zu einer führenden Reichsabtei mit Auswirkungen auf den karolingischen Klosterbau; ihr Klosterplan gilt als Muster für Ausbau und Einrichtungen eines Idealklosters.

Scholaren
Allgemeine Bezeichnung für Schüler *(scolares)* als Lernende im Gegensatz zum Lehrer *(magister)*. Mit den aufkommenden Universitäten verwendet als »Leute der Schule«, die mit Unterricht und wissenschaftlichen Arbeiten befaßt waren, soweit sie noch keinen akademischen Grad erreicht hatten; erhielten im späten Mittelalter eigenen Rechtsstatus sowie besonderen Rechtsschutz.

Scholastik
Sammelbegriff für die Theologie und Philosophie des Mittelalters; Grundlage der »scholastischen Methode« wurde die streng disziplinierte Wissenschaftslehre des seit dem 12. Jahrhundert aus dem Arabischen übersetzten Aristoteles.

Scotus Eriugena
(um 810 – um 877)
Gelehrter irischer Herkunft, wirkte als Lehrer in der Umgebung Karls des Kahlen und knüpfte an die Bildungspolitik Karls des Großen an; versuchte in seinem Hauptwerk »Periphyseon« *(De divisione naturae)* die biblische Weisheitslehre auf eine wissenschaftliche Grundlage zu stellen. Im 13. Jahrhundert wurden seine Werke als pantheismusverdächtig verurteilt.

Stabilitas
Ursprünglich Ortsgebundenheit im Rahmen der Ordensgemeinschaft *(stabilitas loci)* und damit Abschließung gegen die störende Außenwelt *(clausura)*; allgemein: innere Beständigkeit und Standfestigkeit in der geistlichen Lebensführung.

Suspension
Amtsenthebung von allen öffentlichen Funktionen zur Besserung oder als Sühnestrafe *(suspensio ab officio et beneficio)*; wurde mit dem 12. Jahrhundert zu einer reinen Klerikerstrafe.

Thomismus
Bezeichnung für die von Thomas von Aquin (ca. 1225/26–1274) entwickelte, den Aristotelismus weiterführende Lehre sowie für die Lehrgebäude seiner Schüler; Bezeichnung auch für die am Ausgang des Mittelalters erscheinenden großen, oft polemisch ausgerichteten Kommentare zum heiligen Thomas (s. Scholastik).

Trinität
Einheit des göttlichen Wesens, das sich in drei Personen offenbart; als Lehre vom Dreieinigen Gott grundgelegt im 1. Konzil von Konstantinopel (381) und präzisiert im Konzil von Florenz (1438–1445) als drei Personen in einer Wesenheit *(Una essentia, una natura, una divinitas)*. Dreiheit und Einheit treten dabei in ein Spannungsverhältnis, das in den Trinitätslehren der Kirchenväter und Kirchenlehrer leidenschaftlich diskutiert wird, so auch bei Hildegard von Bingen in ihren Antwortschreiben an den Magister Odo von Paris oder den Bischof Eberhard von Bamberg.

Viriditas
Grünheit, abgeleitet von lat. »viridis« = grün; einer der Schlüsselbegriffe in Hildegards Weltbild; bedeutet soviel wie Lebenskraft, Lebensfrische, Lebensfülle, daher auch Bild für tugendhaftes Leben und geistige Existenz; als Symbol für das Leben übertragen auf Christus, auf Maria, auf die Kirche.

Vogt
Hier: Vertreter kirchlicher Einrichtungen (Klöster, Dome etc.) für den Rechtsverkehr mit der Außenwelt *(advocatus Ecclesiae)*; übernahm dabei die verschiedensten Rechtsfunktionen und Verwaltungsaufgaben.

Waldenser
Buß- und Armengenossenschaft, gegründet um 1175 von Petrus Waldes in Lyon. Verwarf kirchliche Lehrautorität, wurde zum Teil blutig verfolgt; ging später in den

Bewegungen der Hussiten, teils auch der Calvinisten auf.

Wilhelm von St. Thierry
(um 1080–1149)
Wirkte und lehrte ab 1119 in der Benediktinerabteil St. Thierry bei Reims. Freund und Biograph Bernhards von Clairvaux; widerlegte die Lehre des Abaelard.

Wormser Konkordat
Vertrag von 1122, beendet den Investiturstreit, verweist das Königtum durch den Verzicht auf die Bischofseinführung mit Ring und Stab prinzipiell in den Laienstand; Besetzung kirchlicher Ämter bleibt weitgehend der Kirche vorbehalten. Auflösung der Einheit von Kirche und Reich durch Teilung der Gewalten.

Zisterzienser
Orden, von Robert von Molesme im Jahre 1098 in Cîteaux als »Neues Kloster« *(novum monasterium)* gegründet; bemüht, durch Erneuerung der Regel *(puritas regulae)* ein geistliches Leben zu gestalten. Im 12. Jahrhundert besonders gefördert von Bernhard von Clairvaux; bei dessen Tode (1153) waren bereits 350 Häuser in ganz Europa errichtet.

Literatur

Quellen
Lateinische Texte

Scivias. In: S. Hildegardis Abbatissae Opera omnia. Ed. J.-P. Migne. In: Patrologia Latina, tom. 197, col. 383–738. Parisiis 1882.

Liber Vitae Meritorum. In: Analecta Sanctae Hildegardis Opera Spicilegio Solesmensi parata. Ed. J. B. Pitra. In: Analecta sacra, tom. 8, p. 1–224. Monte Casinense 1882.

Liber Divinorum Operum. In: S. Hildegardis Abbatissae Opera omnia. Ed. J.-P. Migne. In: Patrologia Latina, tom. 197, col. 739–1038. Parisiis 1882.

Hildegardis Causae et curae. Ed. P. Kaiser. Lipsiae 1903.

Physica (Liber subtilitatum diversarum naturarum creaturarum). In: S. Hildegardis Abbatissae Opera omnia. Ed. J.-P. Migne. In: Patrologia Latina, tom. 197, col. 1117–1124. Parisiis 1882.

Vita sanctae Hildegardis auctoribus Godefrido et Theodorico monachis. In: S. Hildegardis Abbatissae Opera omnia. Ed. J.-P. Migne. In: Patrologia Latina, tom. 197, col. 91–140. Parisiis 1882.

Kritische Werkausgabe

Hildegardis Scivias. Edidit Adelgundis Führkötter O.S.B. collaborante Angela Carlevaris O.S.B. 2 vols. In: Corpus Christianorum. Continuatio Mediaevalis. XLIII. Turnholti 1978.

Hildegardis Liber Vite Meritorum. Edidit Angela Carlevaris O.S.B. In: Corpus Christianorum. Continuatio Mediaevalis XV. Turnholti 1995.

Hildegardis Bingensis Liber Divinorum Operum. Cura et studio A. Derolez et P. Dronke. In: Corpus Christianorum. Continuatio Mediaevalis XCII. Turnholti 1996.

Deutsche Hildegard-Ausgabe

Wisse die Wege. Der heiligen Hildegard von Bingen Wisse die Wege. Scivias. Nach dem Urtext des Wiesbadener kleinen Hildegard-Kodex ins Deutsche übertragen und bearbeitet von Maura Böckeler. 6. Aufl. Salzburg 1976.

Heilkunde. Das Buch von dem Grund und der Heilung der Krankheiten. Nach den Quellen übersetzt und erläutert von Heinrich Schipperges. 4. Aufl. Salzburg 1981.

Naturkunde. Das Buch von dem innersten Wesen der verschiedenen Naturen in der Schöpfung. Nach den Quellen übersetzt und erläutert von Peter Riethe. Salzburg 1959.

Welt und Mensch. Das Buch »De operatione Dei«. Aus dem Genter Kodex übersetzt und erläutert von Heinrich Schipperges. Salzburg 1965.

Lieder. Nach den Handschriften herausgegeben von Pudentiana Barth, M. Immaculata Ritscher und Joseph Schmidt-Görg. Salzburg 1969.

Briefwechsel. Nach den ältesten Handschriften übersetzt und nach den Quellen erläutert von Adelgundis Führkötter. Salzburg 1965.

Der Mensch in der Verantwortung. Das Buch der Lebensverdienste (Liber Vitae Meritorum). Nach den Quellen übersetzt und erläutert von Heinrich Schipperges. Salzburg 1972.

Das Buch von den Steinen. Nach den Quellen übersetzt und erläutert von Peter Riethe. Salzburg 1979.

Sekundärliteratur

Abtei Sankt Hildegard (Hrsg.): Der heiligen Hildegard von Bingen Reigen der Tugenden (Ordo virtutum). Berlin 1927.
Albrecht, Barbara: Gottes Werk: der Mensch. Vallendar 1992.
Aulinger, G.: Das Humanum in der Regel Benedikts von Nursia. St. Ottilien 1950.
Baader, Gerhard: Naturwissenschaft und Medizin im 12. Jahrhundert und Hildegard von Bingen. In: Archiv für mittelrheinische Kirchengeschichte 31 (1979) 33–54.
Bernhard, Josef: Hildegard von Bingen. In: Archiv für Kulturgeschichte 20 (1930) 249–260.
Böckeler, Maura: Das große Zeichen. Die Frau als Symbol göttlicher Wirklichkeit. Salzburg 1941.
Bonn, Caecilia: Hildegard von Bingen, Lehrmeisterin des geistlichen Lebens. In: Aktuelle Information, H. 11. Mainz 1979.
– : Der Mensch in der Entscheidung. Gedanken zur ganzheitlichen Schau Hildegards von Bingen. Eltville 1986.
– : Mut zur Ganzheitlichkeit. Aspekte bei Hildegard von Bingen. Eltville 1990.
Borst, Arno: Mönche am Bodensee (610–1525). Sigmaringen 1978.
– : Lebensformen im Mittelalter. Frankfurt, Berlin, Wien 1979.
Brück, Anton Ph. (Hrsg.): Hildegard von Bingen 1179–1979. Festschrift zum 800. Todestag der Heiligen. Mainz 1979.
Bühler, Johannes: Schriften der heiligen Hildegard von Bingen. Leipzig 1922.
– : Klosterleben im Mittelalter. Frankfurt 1989.
Butler, C. (Ed.): S. Benedicti Regula Monachorum. Freiburg 1935.

Chávez Alvarez, Fabio: »Die brennende Vernunft.« Studien zur Semantik der »rationalitas« bei Hildegard von Bingen. Stuttgart-Bad Cannstatt 1991.
Clarus, Ludwig: Leben und Schriften der hl. Hildegard. 2 Bde. Regensburg 1854.
Creutz, Rudolf: Hildegard von Bingen, die erste deutsche Ärztin. In: Die medizinische Welt (1943) 734–737; 764–768.

Dempf, Alois: Sacrum Imperium. München, Berlin 1929.
Dronke, Peter: Problemata Hildegardiana. In: Mittellateinisches Jahrbuch 16 (1981) 97–131.
– : Women Writers in the Middle Ages. Cambridge 1984.
Duby, Georges: Die Drei Ordnungen. Die Welt des Feudalismus. Frankfurt 1986.
Duft, Johannes: Notker der Arzt. Klostermedizin und Mönchsarzt im frühmittelalterlichen St. Gallen. St. Gallen 1975.

Eltz, Monika zu: Hildegard. Freiburg, Basel, Wien 1963.
Engels, Odilo: Die Zeit der hl. Hildegard. In: Hildegard von Bingen 1179–1979. Festschrift. Hrsg. A. Ph. Brück. Mainz 1979, 1–29.

Fischer, Hermann: Die heilige Hildegard von Bingen. Die erste deutsche Naturforscherin und Ärztin. Ihr Leben und Werk. In: Münchener Beiträge zur Geschichte und Literatur der Naturwissenschaften und Medizin, H. 7/8 (1927) 381–538.
Führkötter, Adelgundis: Hildegard von Bingen. In: Die großen Deutschen. Bd. 5 (Ergänzungsband). Berlin 1957, 39–47.

– : Hildegard von Bingen. Salzburg 1972.
– (Hrsg.): Kosmos und Mensch aus der Sicht Hildegards von Bingen. Mainz 1987.
Gindele, Corbinian: Zur Frühgeschichte klösterlichen Krankendienstes. In: Studien und Mitteilungen zur Geschichte des Benediktinerordens 84 (1973) 451–458.
Goebels, Hildegard: Hildegard von Bingen: Mensch ihrer Zeit – Zeichen für unsere Zeit. In: Erbe und Auftrag 66 (1990) 209–223.
Gössmann, Elisabeth: The Philosophical Anthropology of Hildegard of Bingen. In: Mystics Quarterly 13 (1987) 146–154.
Goetz, Hans-Werner: Leben im Mittelalter vom 7. bis zum 13. Jahrhundert. München 1986.
Grundmann, Herbert: Religiöse Bewegungen im Mittelalter. Darmstadt 1977.
Gurgewitsch, Aaron J.: Das Weltbild des mittelalterlichen Menschen. München 1989.

Hattemer, Margarete: Gesichte und Erkrankung der heiligen Hildegard von Bingen. Ein pathographischer Versuch. In: Hippokrates 3 (1930/31) 125–149.
Herwegen, Ildefons: Die heilige Hildegard im Lichte ihrer geschichtlichen Sendung. In: Der katholische Gedanke 3 (1930) 15–30.
– : Sinn und Geist der Benediktinerregel. Einsiedeln 1944.
– : Der heilige Benedikt. Ein Charakterbild. 4. Aufl. Düsseldorf 1951.
Hilpisch, Stephanus: Die Regel des hl. Benedikt. Düsseldorf 1927.
– : Geschichte des benediktinischen Mönchstums. Freiburg 1929.
Hönmann, Maria Assumpta: Die Regula Sancti Benedicti im Kommentar der heiligen Hildegard von Bingen. In: Arzt und Christ 27 (1981) 32–45.

Kaiser, Paul: Die naturwissenschaftlichen Schriften der Hildegard von Bingen. Beilage zum Jahresbericht des Königsstädtischen Gymnasiums zu Berlin. Berlin 1901.
Kerner, Charlotte: Alle Schönheit des Himmels. Die Lebensgeschichte der Hildegard von Bingen. Weinheim, Basel 1993.
Klaes, Monika: Zu Schau und Deutung des Kosmos bei Hildegard von Bingen. In: Kosmos und Mensch aus der Sicht Hildegards von Bingen. Hrsg. A. Führkötter. Mainz 1987, 37–124.
Koch, Josef: Der heutige Stand der Hildegard-Forschung. In: Historische Zeitschrift 186 (1958) 558–572.

Lascar, Maria-Louise: Hildegard von Bingen. Der Weg in die Welt. München, Berlin 1929.
Lautenschläger, Gabriele: Hildegard von Bingen. Die theologische Grundlegung ihrer Ethik und Spiritualität. Bad Cannstatt 1993.
Lauter, Werner: Hildegard-Bibliographie. Wegweiser zur Hildegard-Literatur. 2 Bde. Alzey 1970/1984.
Liebeschütz, Hans: Das allegorische Weltbild der heiligen Hildegard von Bingen. Leipzig 1930.

Maurmann, Barbara: Die Himmelsrichtungen im Weltbild des Mittelalters. Hildegard von Bingen, Honorius Augustodunensis und andere Autoren. München 1976.
May, Johannes: Die heilige Hildegard von Bingen. Ein Lebensbild. München, Kempten 1911.
Meier, Christel: Die Bedeutung der Farben im Werk Hildegards von Bingen. In: Frühmittelalterliche Studien 5 (1972) 245–355.
Müller, Annette: Krankheitsbilder im »Liber de Plantis« der Hildegard von Bingen (1098–1179) und im »Speyerer Kräuterbuch« (1456). 2 Bde. Hürtgenwald 1997.
Müller, Irmgard: Krankheit und Heilmittel im Werk Hildegards von Bingen. In: Hildegard von Bingen 1179–1979. Festschrift. Hrsg. A. Ph. Brück. Mainz 1979, 311–349.
– : Die pflanzlichen Heilmittel bei Hildegard von Bingen. Salzburg 1982.
– : Mittelalterliche Drogenkunde: Quelle moderner Phytotherapie? In: Jahrbuch des Instituts für Geschichte der Medizin der Robert-Bosch-Stiftung, Bd. 5. Stuttgart 1987, 49–64.
– : Magie als Theologie im Steinbuch Hildegards von Bingen (1098–1179) und ihre moderne Verwertung als Edelsteintherapie. In: Magische Kräfte edler Steine. Schriften des Rheinischen Museumsamtes, Nr. 46. Köln 1990, 33–45.
– : Vorsorge und Fürsorge bei Hildegard von Bingen. In: Geheimnisse der Gesundheit. Hrsg.: Peter Kemper. Frankfurt, Leipzig 1994, 159–175.
Neipperg, Adalbert von: Benedikt, Lehrmeister christlichen Lebens. Freiburg 1938.
Newman, Barbara: Sister of Wisdom. St. Hildegard's Theology of the Feminine. Berkeley, Los Angeles, London 1987.

Ohly, Friedrich: Schriften zur mittelalterlichen Bedeutungsforschung. Darmstadt 1983.

Radimersky, George W.: The Homo Restitutus in Hildegard von Bingen's Scivias. In: Kentucky Foreign Language Quarterly, Lexington 9 (1962) 74–85.

Schipperges, Heinrich: Krankheitsursache, Krankheitswesen und Heilung in der Klostermedizin, dargestellt am Welt-Bild Hildegards von Bingen. Med. Diss. Bonn 1951.
– : Das Bild des Menschen bei Hildegard von Bingen. Beitrag zur philosophischen Anthropologie des 12. Jahrhunderts. Phil. Diss. Bonn 1952.
– : Ein unveröffentlichtes Hildegard-Fragment (Codex Berolin. Lat. Qu. 674). In: Sudhoffs Archiv für Geschichte der Medizin und Naturwissenschaften 40 (1956) 41–77.
– : Hildegard von Bingen. Geheimnis der Liebe. Bilder von des Menschen leibhaftiger Not und Seligkeit. Olten 1957.
– : Hildegard von Bingen. Gott ist am Werk. Die Schöpfung der Welt in Gottes Ebenbild. Olten 1958.
– : Zur »Konstitutionslehre« Hildegards von Bingen. In: Arzt und Christ 4 (1958) 90–94.
– : Das Schöne in der Welt Hildegards von Bingen. In: Jahrbuch für Ästhetik und allgemeine Kunstwissenschaft 4 (1958/59) 83–139.
– : Heilmittel als Heilsmittler im Mittelalter. In: Arzt und Christ 6 (1960) 205–214.
– : Hildegard von Bingen – Werk und Wirkung. In: Ärztliche Praxis 13 (1961) 626.
– : Hildegard von Bingen – eine schöpferische Frau des 12. Jahrhunderts. In: Therapie des Monats 12 (1962) 40–44.
– : Das Menschenbild Hildegards von Bingen. Die anthropologische Bedeutung von »Opus« in ihrem Weltbild. Leipzig 1962.
– : Die Welt der Engel bei Hildegard von Bingen. Salzburg 1963.
– : Hildegard von Bingen. Leben und Werk im Dienste der Heilkunde. Biberach an der Riss 1964.
– : Die Benediktiner in der Medizin des frühen Mittelalters. Leipzig 1965.
– : Anthropologische Aspekte im Weltbild Hildegards von Bingen. In: Trierer theologische Zeitschrift 74 (1965) 151–165.
– : Welt und Mensch bei Hildegard von Bingen. In: Jahrbuch für Psychiatrie, Psychotherapie und medizinische Anthropologie 14

(1966) 293–308.
– : Historische Aspekte einer Symbolik des Leibes. In: Antaios 9 (1967) 166–180.
– : Hildegard von Bingen. In: Neue Deutsche Biographie 9 (1972) 131–133.
– : Leben zum Heil. Aus der Rezeptur einer heiligen Ärztin. In: Missionskalender 69 (1972) 52–57.
– : Schlüsselbegriffe um »Heil« und »Heiligkeit« bei Hildegard von Bingen. In: Arzt und Christ 19 (1973) 1–15.
– : Die Engel im Weltbild Hildegards von Bingen. In: Verbum et Signum. Hrsg. H. Fromm, W. Harms, U. Ruberg. Bd. 2. München 1975, 99–118.
– : Kosmische Grunderfahrungen mittelalterlicher Heilkunde. In: Religiöse Grunderfahrungen. Hrsg. W. Strolz. Freiburg, Basel, Wien 1977, 112–141.
– : Zur Heilkunst und Heilung im hohen Mittelalter. In: Der Krankenhausarzt 49 (1977) 11–17.
– : Heilkunde als Heilskunde bei Hildegard von Bingen. In: Die Heilkunst 90 (1977) 417–425.
– : Der Mensch und seine Welt bei Hildegard von Bingen. In: Arzt und Christ 24 (1978) 2–7.
– : Heilkunde und Lebenskunst im Weltbild Hildegards von Bingen. In: Blätter der Carl-Zuckmayer-Gesellschaft 5 (1979) 79–94.
– (Hrsg.): Hildegard von Bingen. Gotteserfahrung und Weg in die Welt. Olten, Freiburg 1979.
– : Menschenkunde und Heilkunst bei Hildegard von Bingen. In: Hildegard von Bingen 1179–1979. Festschrift. Hrsg. A. Ph. Brück. Mainz 1979, 295–310.
– : Diätetische Lebensführung nach der »Regula Benedicti« bei Hildegard von Bingen. In: Arzt und Christ 26 (1980) 87–97.
– : Sorge um den Kranken und Dienste am Kranken. Ein Beitrag der Benediktiner zur Medizin des Abendlandes. In: Arzt und Christ 26 (1980) 125–134.
– : Die Kardinaltugenden im Weltbild der Hildegard von Bingen. In: Grenzgebiete der Wissenschaft 29 (1980) 19–34.
– : Mensch und Kosmos in der Medizin des hohen Mittelalters. In: Mensch und Kosmos. Hrsg. Maja Svilar. Bern 1980, 212-230.
– : Hildegard von Bingen. Ein Zeichen für unsere Zeit. Frankfurt 1981.
– : Barmherzigkeit als Heilmittel bei Hildegard von Bingen. In: Festschrift Erna Lesky. Wien 1981, 97–103.
– : Heile Natur und Heil der Welt bei Hildegard von Bingen. In: Kosmopathie. Hrsg. A. Resch. Innsbruck 1981, 561–609.
– : Hildegard von Bingen und ihre Impulse für die moderne Welt. Eltville 1984.
– : Hildegard von Bingen (1098–1179), Ärztin, Äbtissin und Prophetin. In: Frauen des Glaubens. Hrsg. P. Imhof. Würzburg 1985, 33–46.
– : Heilkunde im Geiste benediktinischer Lebensregel. In: Arzt und Christ 31 (1985) 113–123.
– : Heilung einer Geisteskranken im hohen Mittelalter. Eine »Gemeinschaftstherapie« bei Hildegard von Bingen. In: Zeitschrift für Klinische Psychiatrie, Psychopathologie und Psychotherapie 33 (1985) 58–64.
– (Hrsg.): Hildegard von Bingen. Gott sehen. Serie Piper 522. München 1985.
– : Tugenden als Heilkräfte bei Hildegard von Bingen. In: Blätter der Carl-Zuckmayer-Gesellschaft 11 (1985) 57–65.
– : Hildegard von Bingen. In: Frauen der Kirche. Hrsg. Erika Lorenz. München 1986, 11–34.
– : Kosmologische Aspekte der Lebensordnung und Lebensführung bei Hildegard von Bingen. In: Kosmos und Mensch aus der Sicht Hildegards von Bingen. Hrsg. Adelgundis Führkötter. Mainz 1987, 1–25.
– : Musik und Medizin im Weltbild Hildegards von Bingen. In: Wege zur Kunst und zum Menschen. Hrsg. F.-L. Kroll. Bonn 1987, 233–346.
– : Das Menschenbild der heiligen Hildegard von Bingen. In: Mirjam 70 (1989) 15–17.
– : Hildegard von Bingen: Ärztin – Mystikerin – Dichterin. In: Schweizerische Rundschau für Medizin (Praxis) 80 (1991) 1438–1445.
– : Hildegard von Bingen: Heilen aus der Kraft der Schöpfung. In: Lebendige Seelsorge 42 (1991) 123–127.
– : Die Medizin im abendländischen Mittelalter. In: Das Lorscher Arzneibuch und die frühmittelalterliche Medizin. Hrsg. Gundolf Keil und Paul Schnitzer. Lorsch 1991, 87–108.
– : Grundlagen und Grenzen einer Hildegard-Medizin. In: Kunst des Heilens. Niederösterreichische Landesausstellung, Kartause Gaming 1991, 289–295.
– : Heilung und Heil. Das Bild des ganzen Menschen bei Hildegard von Bingen. In: Himmlisches mit Irdischem verbinden. Festschrift Edeltraud Forster. Hrsg. Abtei St. Hildegard Eibingen. Eibingen 1992, 169–176.
– : Naturkunde und Heilkunst bei Hildegard von Bingen. Zum Weltbild einer Frau im hohen Mittelalter. In: Jahresbericht des Vereins für Naturkunde Mannheim, Neue Folge, Heft 4 (1992/1994) 9–25.
– : Hildegard von Bingen. Im Licht der Jahreszeiten. Innsbruck, Wien 1993.
– : Die Rolle eines Klosters im mittelalterlichen Gesundheitswesen. In: Binger Geschichtsblätter, 17. Folge (1993) 71–88.
– Die Welt der Elemente bei Hildegard von Bingen. In: Licht der Natur. Festschrift Gundolf Keil. Hrsg. J. Domes u. a. Göppingen 1994, 365–382.
– : Hildegard von Bingen. Prophetissa teutonica. In: Börsenblatt für den Deutschen Buchhandel 25 (1994) 162–166.
– : Hildegard von Bingen. Beck'sche Reihe 2008. München 1995.
– : Hildegard von Bingen. Symphonia. Gedichte und Gesänge. Hrsg. mit Walter Berschin. Gerlingen 1995.
– : Hildegard von Bingen. In: Ärztelexikon. Hrsg. Wolfgang U. Eckart und Christoph Gradmann. München 1995, 185–187.
– : Die kosmologische Dimension mittelalterlicher Anthropologien. In: Östliches – Westliches. Studien zur vergleichenden Geistes- und Religionsgeschichte. Hrsg. Mirko Sladek. Heidelberg 1995, 195–216.
– : Natur- und Heilkunde im klösterlichen Leben. Werk und Wirkung der Hildegard von Bingen. In: Meilensteine der Medizin. Hrsg. Heinz Schott. Dortmund 1996, 155–158.
– : Geheimnisvoller Edelstein. Symbol der Heilkraft bei Hildegard von Bingen. Freiburg 1997.
Schmelzeis, J. Ph.: Das Leben und Wirken der heiligen Hildegardis, nach den Quellen dargestellt. Freiburg 1879.
Schmidt, Margot: Hildegard von Bingen als Lehrerin des Glaubens. In: Hildegard von Bingen 1179–1979. Festschrift. Hrsg. A. Ph. Brück. Mainz 1979, 95–157.
– : »Der Mensch als Schatten Gottes«. Zum Gottes- und Menschenbild bei Hildegard von Bingen. Mainz 1979.
– : Die Kirche – »eine Erde der Lebendigen«. Zum Kirchenbild bei Hildegard von Bingen. Mainz 1980.
– : Die fragende Schau der heiligen Hildegard. Leutesdorf 1992.
– (Hrsg.): Tiefe des Gotteswissens – Schönheit der Sprachgestalt bei Hildegard von Bingen. Intern. Symposium 1994. Stuttgart-Bad

Cannstatt 1995.
Schrader, Marianna: Heimat und Sippe der deutschen Seherin Hildegard. Salzburg 1941.
– : Die Herkunft der heiligen Hildegard. Mainz 1981.
– (und *Adelgundis Führkötter*): Die Echtheit des Schrifttums der heiligen Hildegard von Bingen. Quellenkritische Untersuchungen. Köln, Graz 1956.
Singer, Charles: The Scientific Views and Visions of Saint Hildegard. In: Studies in the History and Method of Science. Oxford 1917.
Sölle, Dorothee: O Grün des Fingers Gottes. Die Meditationen der Hildegard von Bingen. Wuppertal 1989.
Steinen, Wolfram von den: Der Kosmos des Mittelalters. Von Karl dem Großen zu Bernhard von Clairvaux. Bern 1967.

Ungrund, Magna: Die metaphysische Anthropologie der heiligen Hildegard von Bingen. Münster 1938.
Ulrich, Ingeborg: Hildegard von Bingen. Mystikerin, Heilerin, Gefährtin der Engel. München 1990.

Wasmann, Peter: Die heilige Hildegard als älteste deutsche Naturforscherin. Leipzig 1913.
Werthmann, Annelore: Die Seherin Hildegard. Rückzug in eine großartige Welt innerer Bilder. In: Die Erhöhung der Frau in einer sich transformierenden Gesellschaft. Frankfurt 1983, 145–279.
Widmer, Bertha: Heilsordnung und Zeitgeschehen in der Mystik Hildegards von Bingen. Basel 1955.

Zimmermann, Gerd: Ordensleben und Lebensstandard. Die Cura corporis in den Ordensvorschriften des Hochmittelalters. Münster 1973.

Bildnachweis

Archiv Herder
5, 6, 7, 10, 11, 14, 20, 21, 25, 27, 28, 48, 59, 60, 63

Autor
1, 3, 13, 15, 23, 29, 30, 31, 54, 55, 62

Eibingen,
Abtei St. Hildegard
8, 16, 19, 32, 34, 35, 36, 38, 40, 42, 48, 51, 52, 53, 58, 64, 65, 67, 69, 70, 71, 72, 75, 77

Heidelberg,
Universitätsbibliothek
2, 18, 39, 43, 57

Köln,
Rheinisches Bildarchiv
9

Lucca, Biblioteca Statale
17, 24, 33, 37, 41, 45, 66, 68, 73, 74, 76, 78, 79

München, Bayerische Staatsbibliothek
4, 44, 47, 56, 61

Wien, Österreichische Nationalbibliothek
21, 46, 49, 50

Winchester,
Cathedral Library
26